Acuario

*La guía definitiva de un signo zodiacal
sorprendente en la astrología*

Tabla de contenido

Introducción

La gente ha estado fascinada con las estrellas y los planetas desde la antigüedad. Antes de que la tecnología e Internet se impusieran, las estrellas y los planetas servían de guía para la vida y el futuro. Antiguamente, teníamos una conexión mucho más fuerte con el reino celestial y la tierra bajo nuestros pies. Antiguas historias y mitos rodean a estos cuerpos celestes, pero el mundo en el que vivimos ahora es muy diferente.

La ciencia se considera la verdad real y todo lo demás se cuestiona, pero hay un poco de verdad en todo, y esto se aplica al antiguo arte de la astrología. Creer en los signos del Zodiaco y en su relevancia en nuestras vidas es algo a lo que mucha gente se ha ido abriendo de nuevo. No es necesario creer solo en lo que se ve o en lo que está probado por la ciencia. También puede elegir creer en cosas que están más allá de su comprensión. Por eso animo a explorar los signos del Zodiaco.

Dependiendo de la estación del año y del día en que nació, se encontrará bajo uno de los doce signos del Zodiaco. Conocer su propio signo del Zodiaco o el de las personas que le rodean puede ser de gran ayuda. La mayoría de las personas conocen su signo del Zodiaco, y muchas de ellas también leen su horóscopo con bastante frecuencia.

En este libro, nos centraremos específicamente en Acuario y nos esforzaremos por ofrecerle un conocimiento profundo de cualquier individuo que pertenezca a este signo.

Este libro destaca las fortalezas, debilidades, rasgos únicos y peculiaridades de los acuarianos. También le dará una mejor idea sobre la compatibilidad en el amor, el trabajo y la amistad de un individuo de Acuario con todos los demás signos.

Las cosas que aprenda en este libro podrían sorprenderle al darse cuenta de cuánto de ello resuena con usted o con el Acuario en su vida. Esencialmente, este libro debería ayudar a cualquier Acuario a comprenderse mejor a sí mismo, a obtener un mejor equilibrio en la vida y a aprender mucho sobre el gran impacto que su signo del Zodiaco tiene en sus vidas.

Si está preparado para adentrarse en el mundo de Acuario, ¡comience a leer!

Capítulo 1: Introducción a Acuario

Acuario es uno de los signos fascinantes del zodiaco y a menudo se le considera "el signo extraterrestre". Es un signo estrafalario, único y a veces extraño que está lleno de corazón y amor. Este capítulo le ayudará a comprender los intrincados detalles de este signo.

El signo astrológico Acuario aparece en el undécimo lugar del zodíaco. Es una representación de la constelación de Acuario. El Sol entra en este signo alrededor del 21 de enero y sale el 20 de febrero en el zodiaco tropical. En el zodiaco sideral, el Sol entra en este signo el 15 de febrero y sale el 14 de marzo. Este factor también se ve afectado por el fenómeno del año bisiesto.

El mito de Acuario

La constelación zodiacal de Acuario se representa como un portador de agua. Este portador de agua era Ganímedes, un joven frigio de la mitología griega. Era hijo del rey Tros, gobernante de Troya. Según otras fuentes, podría ser hijo de Dardanus. Un día Ganímedes estaba cuidando el rebaño de ovejas de su padre cuando Zeus lo vio y perdió su corazón por él. Adoptó la forma de un enorme pájaro y se llevó a Ganímedes. Desde entonces, Ganímedes se convirtió en el copero de los dioses. Orfeo canta esta historia en la obra de Ovidio.

Constelación

La constelación de Acuario es una constelación de invierno situada junto a Cetus y Piscis en el hemisferio norte. Es una constelación bastante radiante.

Símbolo de Acuario

Como se ha mencionado, Acuario suele representarse como un portador de agua. Este símbolo se representa a menudo de otras formas, como un hombre sabio, una mujer joven o una persona mayor. A veces solo se utiliza una olla llena de agua para representar el signo. (La representación es meramente conceptual y no una definición perfecta del signo).

Hay muchas maneras de interpretar el símbolo de Acuario. Por ejemplo, una interpretación dice que la vasija llena de agua representa la recolección de la sabiduría. El individuo o el alma de Acuario está siempre en busca de la sabiduría y es el portador de la sabiduría colectiva de la humanidad. Puede sonar bastante elevado, pero las personas que conocen a los individuos de Acuario estarán de acuerdo en que esto tiene sentido en un nivel profundo.

Los individuos de Acuario creen en la esencia de la vida y tienen una enorme capacidad de curación. Les encanta mejorar su entorno y su comunidad y realizar actos de altruismo. Les gusta mejorar la vida de las personas que les rodean. Hacen estos actos porque los disfrutan, no para obtener elogios o crédito. Acuario dispensa bondad, sabiduría y serendipia a través de su vasija.

En la antigüedad, el portador de agua caminaba muchos kilómetros para ir a buscar agua fresca para su comunidad. Del mismo modo, la persona de Acuario está dispuesta a atravesar el dolor, las dificultades y la lucha para buscar la verdad, las ideas iluminadoras y la sabiduría. Con mucho gusto recorrerán los caminos que otros evitan.

El glifo de Acuario y su significado

Para describir los signos del Zodiaco de forma abreviada, los astrólogos de todo el mundo utilizan glifos y signos específicos. Estos son únicos y diferentes para cada signo zodiacal y tienen un significado crucial en la representación del signo. Los glifos son sencillos, por lo que cualquiera puede emularlos con facilidad. El glifo de Acuario también es sencillo, pero encierra un significado profundo y representa el signo de la mejor manera posible.

Muchas personas se hacen el símbolo de Acuario como tatuaje. Se representa mediante aguas agitadas o un rayo. El glifo de las aguas agitadas tiene dos olas que se mueven en paralelo. Este glifo muestra la profunda naturaleza oculta del signo.

Acuario es un signo inteligente bendecido con el poder de la intuición. Esto les permite saber cosas, aunque no entiendan la razón. Las líneas de ondas paralelas también representan el deseo acuariano de igualdad. Estos factores se pueden observar en cualquier persona típica de Acuario. Odian la disparidad entre clases, géneros, etc. Para ellos, todos son iguales. Tienen el deseo de hacer y ver el mundo bajo una luz de igualdad.

Creen que esto puede hacerse sacando a la luz las grandes verdades para que la humanidad pueda beneficiarse de ellas. Son conscientes de que este acto puede aislarles o alejarles, pero recorren gustosamente este difícil camino con inmensa valentía.

Elemento

Cada signo del Zodiaco está regido por uno de los cuatro elementos: aire, agua, tierra o fuego. Los signos del zodiaco forman cuatro tríos; por lo tanto, se puede ver la superposición de emociones, rasgos y acciones en los signos que pertenecen al mismo trío.

Muchos principiantes suelen sorprenderse al darse cuenta de que el elemento agua no rige a Acuario. El glifo tiene olas; el símbolo de Acuario es un portador de agua; todos estos factores parecen indicar que el signo tiene una estrecha relación con el agua, pero está regido por el aire.

Los acuarianos odian las convenciones y nunca se doblegarán a las expectativas de nadie; no es de extrañar que su elemento regente haga añicos las expectativas en esta materia. El trío de Aire está formado por Géminis, Acuario y Libra. Todos estos signos tienen una visión rápida de la vida. Son ingeniosos, agudos e intelectuales. Aunque los signos son similares en ciertos aspectos, Acuario se diferencia de los demás por sus características particulares.

El elemento Aire en el zodiaco representa las ideas, los pensamientos y el razonamiento intelectual. Los individuos de Acuario suelen estar confundidos porque aman a la humanidad, pero no entienden las emociones y los sentimientos. Esto crea una constante sensación de confusión. Suelen tener mala suerte en el amor, aunque no es culpa suya. Como Acuario, el mayor problema al que puede tener que enfrentarse es la difícil naturaleza de las emociones pesadas, como la pena, el amor y el dolor.

Emociones como estas se vuelven inmensamente complicadas cuando intentas abordarlas desde un punto de vista intelectual, como haría un Acuario. Cuando los Acuario no tienen su razón para apoyarse, se confunden y se asustan con sus sentimientos. Es necesario mantener la compostura al tratar con una persona de este signo.

Estos individuos suelen tener ideas profundas y grandiosas, al tiempo que evitan los pensamientos superficiales. Son artísticos, distintos y audaces. Son provocadores y disfrutan de la humanidad, y ayudan a la gente con su combinación de intuición e inteligencia.

Las cabezas de los individuos de Acuario están llenas de ideas que se mueven por sus cerebros con rapidez. Hablan con pasión y viveza. La gran cantidad de ideas a menudo los lleva a dar vueltas y les desvía hacia temas tangenciales. Como amigo de un Acuario, tenga paciencia cuando hagan esto. Su mente se mueve en todas las direcciones a la velocidad de la luz. Si no vuelve pronto al tema, puede darle un empujón en la dirección correcta.

Los planetas de Acuario

Cada signo del Zodiaco tiene elementos o artículos particulares que lo representan. Estos incluyen glifos, símbolos, elementos, constelaciones, etc. Otro factor que rige los signos del Zodiaco es su planeta; un "planeta astrológico" particular, que generalmente se correlaciona con uno de los planetas físicos de nuestro sistema solar, rige cada signo.

Según la astronomía, hay ocho planetas en el sistema solar, pero en astrología hay más de ocho. Algunos signos también comparten planetas. Gracias a la ciencia moderna, se han descubierto nuevos planetas; con el tiempo, eso ha provocado cambios en la lista clásica de planetas regentes. Por ejemplo, Marte regía el signo Escorpio, pero ahora lo rige Plutón (que, por cierto, ya no es un planeta). Otros cuerpos del Sistema Solar también rigen algunos signos del Zodiaco; por ejemplo, la Luna rige a Cáncer.

En el caso de Acuario, tanto Saturno como Urano lo rigen. Las interpretaciones de los rasgos y efectos de estos dos planetas difieren mucho, pero ambos trabajan en conjunto para poner en primer plano la singularidad de su personalidad.

Saturno es un planeta severo en el sistema solar, según la mayoría de las interpretaciones. Está enfocado a la autodisciplina, el orden y el método. Un código de conducta sigue rigiendo incluso a los Acuario más extravagantes. Este código de conducta suele ser personal y no sigue el código de conducta de otras personas.

Urano es un planeta al que le gusta hacer las cosas por su cuenta, al igual que el individuo de Acuario que es único y audaz. Urano rige el aprendizaje superior, la sabiduría, las nuevas posibilidades, la libertad y la pasión por el cambio. Estos rasgos son bastante típicos de la persona de Acuario.

La gente suele estar asustada y nerviosa ante los grandes cambios, pero Acuario los acepta de buen grado y a menudo los disfruta. Creen que la vida debe avanzar siempre, aunque en armonía y paz. Están llenos de sabiduría y de elevados ideales presentados con total compasión.

Casa de Acuario

La astrología es un campo infinito, y una multitud de factores la convierten en un arte intrincado. Incluso en el nivel más básico, existe una gran cantidad de conceptos diferentes que hacen que sea difícil de entender para un principiante. Por ejemplo, además de los doce signos del Zodiaco, existen doce casas. Si no comprende las casas, lo más probable es que se haya saltado un aspecto integral de la astrología.

Las casas astrológicas representan las áreas exactas de la vida de una persona de las que habla el horóscopo. Cada casa en la astrología representa un factor único. Estas casas representan los lugares, las personas, las situaciones y las circunstancias que tienen lugar en la vida.

Cada casa recibe el nombre de los signos del Zodiaco, por lo que comienzan en Aries y terminan en Piscis. Cada casa tiene una característica particular, según la rueda del zodiaco. Para interpretar las casas, es necesario tener una carta astral.

Casa Undécima

La Casa Undécima es la casa de Acuario. En ella es donde debuta en la sociedad. También representa la recepción o la reacción que recibe de la sociedad. Se considera la casa de los amigos. También incluye otros círculos sociales como los colegas y los conocidos. Al igual que el signo, esta casa también está regida por Saturno y Urano.

La Casa undécima muestra si usted encaja o se aleja de sus condiciones de nacimiento y de cómo lo han criado. Establece el estado de ánimo de estos factores.

Una persona con una Casa Undécima fuerte suele acabar en una tribu totalmente diferente a la de su nacimiento. Su tribu original puede hacer que se sienta como un extranjero o un forastero. Otros individuos con una Casa Undécima fuerte pueden provocar a la gente que les rodea y pueden romper las tradiciones en las que fueron criados.

El regente de esta casa es Saturno, junto con Urano. Esta casa representa la comunidad, la expresión de la comunidad, las visiones compartidas, las colaboraciones y la unión.

Casa del Buen Espíritu

Los antiguos astrólogos griegos consideraban la Casa Undécima como la casa de las aspiraciones. Se considera la casa del buen espíritu y de la libertad, ya que se siente libre tras romper las convenciones de la sociedad sin preocuparse por los implicados. Esto le proporciona su amplitud de miras, que remite al elemento rector del aire. Le permite ser soñador sin ningún tipo de juicio.

También se la conoce como la Casa de la Divinidad y está llena de compasión. Permite a la persona tener una visión total de la humanidad.

A muchos astrólogos les resulta difícil o complicado definir la casa, ya que está llena de contradicciones, al igual que el propio signo. Ambos aspectos permiten las implicaciones simultáneas, pero contradictorias, de las aspiraciones individuales, junto con la potencia de un grupo.

Colores para Acuario

Los acuarianos suelen ser considerados los extraterrestres del sistema zodiacal, ya que son únicos, piensan de forma innovadora y están muy adelantados a su tiempo. Suelen tener una visión global y son muy humanitarios. Se esfuerzan por hacer del mundo un lugar mejor. A menudo se les considera raros o ligeramente excéntricos, pero estos factores los hacen aún más entrañables. Por eso, los acuarianos tienen muchos amigos de distintos ámbitos. Esta sección le ayudará a entender qué colores son los mejores para los acuarianos.

Aunque las personas de Acuario se visten y actúan de una manera que les hace destacar, hay ciertos colores que son genuinamente buenos para el signo. Cada signo del Zodiaco tiene ciertos colores que son "adecuados" para ellos.

Azul: un portador de agua representa a Acuario, y no es de extrañar que el color del poder para el signo sea el azul. Los acuarianos, al igual que el portador de agua, llevan y traen conocimiento y sabiduría al mundo. El color azul los mantiene centrados y tranquilos. Como los acuarianos tienen la costumbre de salirse por la tangente, el color azul puede mantenerlos con los pies en la tierra. Proporciona un aura tranquilizadora que puede mantenerlos estables y centrados.

Otro color muy recomendado para Acuario es el púrpura. La piedra preciosa de Acuario es la amatista, un cristal púrpura brillante. Es una piedra psíquica que puede mejorar la intuición del portador y otras habilidades "psíquicas". La amatista representa la sabiduría, la compasión y el idealismo, que son rasgos importantes de Acuario. El carácter general de este signo es de inteligencia y compasión.

Piedra de nacimiento para Acuario

Según la astrología, Saturno es considerado el planeta más duro. Se supone que este planeta (junto con Urano) rige Acuario. Cualquier acuariano que pueda satisfacer a Saturno y hacer feliz al planeta tendrá un gran éxito en casi todos los ámbitos de la vida. La piedra favorita de este planeta es el Zafiro Azul. Por ello, el Zafiro Azul se considera la piedra de nacimiento de los acuarianos. Se recomienda llevar esta piedra en el dedo medio en un anillo de oro. Llevarlo en la mano derecha mejorará la calidad general de su vida.

Otras piedras de la suerte para los Acuario

Hay muchas otras piedras que se consideran afortunadas y poderosas para Acuario. Algunas de ellas son el granate, el ámbar, la amatista, el ópalo, el ágata musgosa, la sugilita, etc. La piedra talismán de Acuario es el jaspe, mientras que su piedra planetaria es la turquesa. Veamos este tema de las piedras, una por una.

Piedra de ámbar

Es buena para mantener a raya la energía negativa.

Amatista

Es una piedra curativa que puede ayudarle a deshacerse de las penas y culpas del pasado.

Granate

Es otra piedra curativa que puede ayudarle a conseguir una buena salud.

Hematita

Es una piedra calmante que aleja la energía negativa, la presión y el estrés. Es buena para la confianza en uno mismo. Actúa sobre el Chakra Raíz y puede convertir la energía negativa en vibraciones positivas.

Piedra de la suerte para la mujer de Acuario

Para las mujeres de Acuario, las siguientes son las mejores piedras:

- Ágata
- Turquesa
- Granate
- Amatista

Piedra de la suerte para el hombre de Acuario

Los hombres de Acuario deberían llevar estas gemas para provocar cambios positivos en su vida:

- Jaspe
- Granate
- Amatista

Es necesario elegir la piedra preciosa correcta asociada a su signo del Zodiaco. Si se elige una incorrecta, puede dar lugar a la aparición de diversos problemas.

Características de Acuario

Los individuos de Acuario son generosos y dan con las manos abiertas, pero a menudo se pierden en sus planes, ideas, preguntas y soluciones creativas. Por lo general, desprecian que la gente irrumpa en su proceso de pensamiento, pero si ve que un amigo Acuario es demasiado excelso, es un deber suyo devolverlo a la realidad; de lo contrario, podría perderse demasiado en sus pensamientos.

También es necesario recordar que, con su singularidad, están dotados de una notable y poderosa perspicacia. Bajo su extravagante y a veces extraña apariencia exterior, esconden un enfoque pionero hacia el mundo, que puede hacernos avanzar a todos.

Los acuarianos tienen un conjunto de características que se encuentran en la mayoría de los individuos que pertenecen a este signo. Estas características son tanto positivas como negativas. Se recomienda potenciar las características positivas y deshacerse de las negativas para hacer su vida más agradable.

Rasgos positivos de Acuario

Los acuarianos suelen ser descritos como originales, inteligentes y listos. Están orientados al futuro y son los visionarios de este mundo. Algunos de sus rasgos positivos son:

Visión

El rasgo más común y destacado de este signo es la ambición y la visión. Son muy ambiciosos en cuanto a su futuro personal y social. Gracias a su naturaleza humanitaria, los acuarianos se preocupan por la mejora de la sociedad y se esforzarán mucho por conducirla hacia un futuro glorioso. Emprenden varias causas humanitarias generosas, como la lucha contra el hambre en el mundo, la búsqueda de nuevas formas de detener el cambio climático y la lucha contra la pobreza y la corrupción.

Los acuarianos pueden ser un poco dogmáticos en sus creencias a veces, pero a menudo harán todo lo posible para hacer del mundo un lugar mejor. Tienen un fuerte sentido de la justicia y la compasión. Una combinación de ambos guías sus opiniones y acciones. Disfrutan y aman la libertad y la extienden a todo el mundo.

Los acuarianos pueden cambiar el mundo con su pasión, su voluntad humanitaria y sus perspectivas únicas.

Inteligente

Uno de los signos más cerebrales, los acuarianos tienden a ser muy inteligentes, pero a menudo se pierden en el análisis de las cosas para encontrar nuevas soluciones a un problema. Su inteligencia no se limita solo a los libros, y es posible encontrar acuarianos expertos en diversos campos. Ven posibilidades en casi todo y les encanta analizar y diseccionar las cosas. Esto les hace ser muy tolerantes con una variedad de puntos de vista.

Los acuarianos tienden a ver el panorama general, lo que les hace muy aptos para resolver problemas. Sus propias ideas y el constante bombardeo de pensamientos pueden distraerles, pero cuando se concentran, pueden producir las mejores sugerencias y opiniones bien documentadas e imparciales sobre una cuestión o un asunto.

Original

Las personas nacidas bajo este signo son conocidas por su originalidad y singularidad. Seguramente son una de las personas más singulares que pueda ver, y les gusta llevar este hecho en la manga.

Son genios innovadores a los que les encanta pensar fuera de la caja, especialmente en proyectos creativos y en la búsqueda de soluciones a los problemas. A menudo, los acuarianos se salen de lo establecido y proponen algo que puede ser revolucionario e innovador. Su inclinación por la revolución y la novedad se observa también en su deseo de un mundo mejor.

La originalidad y la singularidad marcan la existencia de todos los acuarianos. Estos factores se extienden también a sus mentes creativas, por lo que suelen tener diversas tendencias artísticas. Los acuarianos adoran utilizar el arte como medio de expresión y se dedican a medios como la escritura, la pintura y la composición.

En la vida personal, los acuarianos suelen ser conocidos como ligeramente (o en muchos casos muy) excéntricos, pero a casi todos los acuarianos les gusta esta etiqueta. Prefieren abrazar su excentricidad y rareza que llevar una vida aburrida e intrascendente.

Rasgos negativos de Acuario

Ahora que hemos repasado los rasgos positivos de Acuario, es el momento de echar un vistazo a las características negativas del signo.

Frío

Los acuarianos pueden parecer insensibles y fríos. Esto se debe a que son menos emocionales y más pragmáticos, lo que les permite tener una perspectiva única del mundo. Tienden a analizar demasiado las cosas, lo que crea una sensación de distanciamiento del mundo habitual. Esta naturaleza desapegada puede hacer que los demás se sientan incómodos. Cuando este desapego se combina con sus ideas y procesos de pensamiento rígidos, la gente suele desanimarse.

Suelen tener problemas debido a su naturaleza distante e impersonal, especialmente cuando tienen que enfrentarse a una situación que requiere emociones fuertes y sensibilidad. Cuando la situación es grave, no se quiere alienar a la gente.

Altivos

Los acuarianos tienen una inclinación por el pensamiento y las ideas profundas, lo que los convierte en uno de los signos más inteligentes, pero esta inclinación también los hace susceptibles a la altivez. Los acuarianos se aferran a sus ideas y a menudo creen que son correctas, lo que automáticamente convierte a todos los demás en incorrectos. A menudo no se dan cuenta de que están hablando mal de una persona, porque creen que su opinión es más que una opinión, es decir, es un hecho. Una vez que un acuariano toma una decisión, puede ser imposible que vuelva a cambiarla.

Este rasgo puede ser el precursor de la frustración de las personas que rodean a Acuario, especialmente si intentan intercambiar ideas o proponer soluciones. El comportamiento de los acuarianos puede hacer que los demás se sientan inferiores.

Demasiado idealista

Los acuarianos están bendecidos con una visión que es una ventaja, pero esta ventaja también puede convertirse en una maldición si no se maneja adecuadamente. Los acuarianos tienden a ser demasiado idealistas, lo que les hace perseguir cosas que son nada menos que perfectas. La perfección es un concepto imposible, pero los acuarianos pueden no darse cuenta de ello, lo que a menudo los lleva a la frustración, la insatisfacción y, en algunos casos, a la depresión cuando no consiguen alcanzar los estándares imposibles y elevados.

Por lo general, su idealismo puede hacer que los acuarianos sean ligeramente ilusos y algo santurrones.

Impredecible

A los acuarianos les encantan los cambios y la singularidad. A menudo intentan cambiar para mejorar, pero esta cualidad puede hacerlos impredecibles. Los acuarianos a menudo parecen distantes y sin emociones; esto se debe a que liberan sus emociones, especialmente la ira, en estallidos repentinos, rápidos e impredecibles que parecen salir de la nada.

El mal genio y el control de la ira pueden ser problemas importantes para los acuarianos, especialmente los individuos que tienen que enfrentarse a mucha presión y estrés. Estos individuos odian ser emocionalmente vulnerables, por lo que, si algo les saca de quicio, pueden arremeter con dureza. Este arrebato puede compensar e incluir muchas emociones reprimidas.

Características de Acuario en situaciones comunes

A veces, los acuarianos pueden parecer insensibles, ya que tienen dificultades para manejar sus emociones y sentimientos. Su dificultad no significa que no sean comprensivos o compasivos con los demás. Los acuarianos pueden establecer vínculos estrechos con las personas (una vez que se sienten cómodos con ellas). Estos son algunos ejemplos que muestran cómo reaccionan los acuarianos en determinadas situaciones.

Acuario en el amor

Lo suyo es la estimulación mental e intelectual, y no es de extrañar que una persona acuariana busque las mismas cualidades en una relación. Necesitan parejas que puedan entablar conversaciones interesantes, complejas e intrigantes y que puedan tolerar su costumbre de salirse por la tangente todo el tiempo. Como persona acuariana, nunca podrá sentirse románticamente inclinado hacia una persona a menos que esta pueda proporcionarle alguna forma de estimulación intelectual. Esta estimulación no tiene por qué ser sobre el existencialismo o la banalidad del mal; puede ser sobre cosas sencillas como los videojuegos.

Junto con la estimulación intelectual, los acuarianos desean una conexión mental. No se sienten cómodos con una persona a menos que puedan formar y disfrutar de una conexión mental con ella. Además de estos dos factores, un acuariano también aprecia la independencia y la honestidad. Una persona acuariana está incompleta sin independencia. Están hambrientos de libertad, aunque sea a costa de ser un solitario. Necesitan un sentido de independencia de su pareja y le darán lo mismo. Siempre respetan los límites de su pareja y la tratan de igual a igual. Si un Acuario se enamora de alguien, considerará la relación como un compromiso de por vida. No tendrán miedo de sacrificarse para salvar y cuidar su relación.

Si alguien les traiciona o engaña, experimentan una ira sin igual. Lo más probable es que terminen la relación de inmediato y sigan adelante. Los acuarianos no perdonan y tampoco olvidan. Hablaremos de esto en detalle en un próximo capítulo.

Acuario en la familia y la amistad

Los acuarianos aman a sus amigos, a su familia y a sus allegados. Aprecian la vida familiar y disfrutan de las personas que son creativas, honestas e inteligentes. Están dispuestos a hacer sacrificios y asumir riesgos por el bien de su familia y sus seres queridos.

En cuanto a la amistad, los Acuario tienden a ser populares. Suelen tener muchos conocidos y son amigos de mucha gente. Esto se debe a que ven el mundo desde un punto de vista colaborativo. Poseen una actitud santurrona y ligeramente altiva que puede hacer que la gente se sienta incómoda, pero generalmente, los acuarianos son extravagantes, divertidos y es fácil relacionarse con ellos.

Los acuarianos son malos con sus emociones y desprecian ser emocionalmente vulnerables. Esto puede ser un factor de su ineptitud para hacer amigos íntimos y formar vínculos personales con la gente. Siempre se tomarán su tiempo antes de establecer una relación estrecha con alguien. Necesitarán mucho tiempo para procesar las cosas y sentirse conectados con alguien a nivel intelectual y emocional. Una vez que se hace amigo de un Acuario, siempre será su amigo más fiable. Cuando alguien rompe su confianza, un Acuario se vuelve loco.

Celebridades de Acuario que adoptan los rasgos del signo

La gente de Acuario es conocida por ser fuerte, original y de pensamiento profundo. Son humanitarios y son audaces y dedicados.

Nacer en el signo de Acuario tiene muchas ventajas, ya que le permite luchar por causas que pueden cambiar el mundo. Son intransigentes y pueden tomar decisiones difíciles. El único problema que tienen es que no logran expresar sus emociones adecuadamente. Aun así, pueden ser muy empáticos con los dolores y las penas de los demás.

El elemento aire rige a muchos famosos. He aquí una lista de algunos famosos de Acuario que muestran muchos de los rasgos asociados con el signo.

Ellen DeGeneres

Ellen se ha convertido en una estrella internacional y es muy conocida por su personalidad audaz y divertida. Nació el 28 de enero. Es presentadora de programas de entrevistas, comediante, actriz y productora, y es más conocida por su programa de entrevistas diurno sindicado, The Ellen DeGeneres Show.

Además de sus muchos reconocimientos en Hollywood, Ellen muestra con orgullo los dos rasgos notables de Acuario: la filantropía y el humanismo. Es una firme defensora de los derechos de los animales y del colectivo LGBTQ y ha creado muchas organizaciones benéficas. También hace donaciones regularmente a otras causas. Por su labor benéfica y otras actividades relacionadas, ha recibido la Medalla Presidencial de la Libertad.

Millie Bobby Brown

Millie Bobby Brown, una joven actriz de gran talento, conocida por su serie innovadora, *Stranger Things*, es una verdadera Acuario. Apoya firmemente la justicia social y la igualdad y utiliza su fama para hacer del mundo un lugar mejor.

Nació el 19 de febrero y es la embajadora de buena voluntad más joven nombrada por UNICEF. Ha utilizado su estatus de celebridad para llamar la atención sobre los problemas que afectan a la actual generación de niños y jóvenes. Sus actividades humanitarias y su disposición representan realmente su corazón de Acuario.

John McEnroe

Conocido por ser el "chico malo del tenis", John McEnroe tiene todos los rasgos clásicos de Acuario. Nació el 16 de febrero y es conocido por su temperamento, dentro y fuera de la pista. Ha tenido enfrentamientos con sus oponentes, funcionarios y árbitros. Sus "rabietas" o arrebatos le han hecho famoso entre la prensa y las redes sociales, y estas rabietas han sido parodiadas en múltiples ocasiones, convirtiéndolo en una sensación de la cultura pop. Es un individuo franco, independiente y de mentalidad fuerte, al igual que otros Acuario. Está dispuesto a luchar por las cosas en las que cree, literalmente y en sentido figurado.

Elizabeth Banks

Actriz, productora y directora progresista y de gran talento nacida el 10 de febrero, Elizabeth Banks tiene todos los rasgos de una persona Acuario. Es una firme partidaria y defensora de la elección, los derechos y la autonomía de las mujeres sobre su propio cuerpo. Ha utilizado su fama y su poder para influir en la gente y garantizar la igualdad salarial para el reparto y el equipo, independientemente del género. A menudo inserta temas feministas y radicales en sus obras de arte.

Su proyecto más reciente fue un reinicio de *Los Ángeles de Charlie* con cuatro protagonistas femeninas fuertes que derriban una organización corrupta. Ha dirigido la atención de la gente hacia el empoderamiento de las mujeres en la industria cinematográfica, que siempre ha estado dominada por los hombres.

Oprah Winfrey

Uno de los rostros más reconocidos del mundo, Oprah Winfrey (o simplemente Oprah) es una encarnación del signo Acuario. Es una excelente oyente y una persona empática. Su intuición y empatía han ayudado a cientos de celebridades y personas comunes a abrirse a ella en sus programas, como The Oprah Winfrey Show y Super Soul Sunday. Su deseo de igualdad le permite mirar a sus invitados sin un ápice de prejuicio y proporcionarles una amplia empatía y simpatía. Es empática con su dolor y sus dificultades. Nació el 29 de enero. Otro rasgo notable de Acuario es su inclinación por la caridad.

Capítulo 2: Fortalezas y debilidades de Acuario

Cada persona es bendecida y maldecida con un conjunto de fortalezas y debilidades. Los individuos nacidos bajo un determinado signo del Zodiaco tienden a tener ciertos rasgos comunes similares que comparten. Algunos dicen que la comida de un hombre es la basura de otro. Del mismo modo, algo que es absolutamente crucial para un signo del Zodiaco puede convertirse en algo totalmente trivial y despreciable para otro. Es necesario entender sus debilidades y fortalezas que pueden ayudarle a llevar su vida de una manera mejor. Acuario es un signo contradictorio; por lo tanto, es aún más importante comprender sus fortalezas y debilidades para que pueda ayudarse a sí mismo (o a su amigo acuariano) a tener una vida libre de rabietas.

Rasgos positivos

He aquí un rápido vistazo a los rasgos positivos de un individuo Acuario.

No convencional

A los acuarianos les suele fascinar la libertad, las ideas no convencionales, los conceptos y la tecnología. Son rebeldes y están siempre necesitados de libertad. Su amor por la libertad no significa que no aprecien a las personas, sino que les gusta la gente y pueden apreciar las ideas innovadoras. Les encanta la innovación y apreciarán una idea innovadora, aunque no sea plausible en la vida real.

Marcadores de tendencias

Los acuarianos son los que marcan las tendencias del zodiaco y les encanta relacionarse con otras personas. El undécimo signo del zodíaco es conocido por su amor a la libertad. Pueden parecer tímidos, pero pueden ser bastante animados y poco convencionales si la situación lo requiere. Siempre se enfocan en conceptos, ideas y sentimientos filosóficos. Esto es posible gracias a su intelecto superior, que generalmente utilizan para ayudar a los demás. No son críticos y tienden a ver todos los aspectos de la historia antes de llegar a una conclusión. Son adaptables, lo que les hace ser sociables, pero siguen prefiriendo su soledad. Es posible que necesiten volver y recargar sus niveles de energía en la soledad.

Personalidad estimulada

El mundo está lleno de oportunidades para todos los signos de aire, especialmente para los Acuario. Los signos de aire utilizan su mente a fondo cada vez que se enfrentan a nuevas situaciones y personas. Los acuarianos necesitan estimulación mental; si no se sienten estimulados mentalmente, se aburren y pierden toda la motivación.

Visionarios

Dos planetas, Saturno y Urano, rigen Acuario. Urano es conocido por sus ideas y propiedades visionarias. Estas ideas visionarias también hacen que las personas nacidas bajo este planeta sean visionarias. Por ello, los Acuario suelen ser muy intuitivos y están dotados del don de la precognición. Esto también los convierte en expertos en la planificación de cosas. Son versátiles, poderosos, audaces, brillantes y encantadores. Son grandes pensadores, auténticos humanistas y trabajadores innovadores.

Amantes de los grupos

A estas personas les encanta estar solas, pero les gusta trabajar en grupo, por lo que suelen tener muchos compañeros a su alrededor.

Independencia

Siempre luchan por la igualdad y la independencia. No les gusta que les obliguen a permanecer encadenados y odian que les roben sus derechos. Esto hace que a menudo parezcan distantes y fríos, pero estos dos factores son solo mecanismos de defensa contra la intimidad y el descaro.

Carisma

Al principio les cuesta confiar en la gente, pero una vez que aprenden a hacerlo, pueden expresarse libremente de forma más guiada. Esto les hace ser muy carismáticos, amables y sociables.

Popularidad

Las personas que pertenecen a este signo suelen ser populares, y a menudo intentan hacer del mundo un lugar mejor. Sin embargo, tienen sus problemas; por ejemplo, a menudo se dejan llevar por conceptos, ideas y planes que pueden ser poco realistas.

Problemas de comunicación

Si es acuariano y a veces le resulta difícil hablar con la gente, no es culpa suya; es un rasgo de la personalidad de su signo. Los acuarianos suelen tener dificultades para invertir en emociones, lo que les hace tener problemas de comunicación. Aprender a establecer conexiones con la gente y a invertir en emociones puede ayudarles a conocer mejor a los demás y a mejorar la comunicación de forma espectacular.

Soledad

Su amor por la soledad puede tomarse como un concepto tanto negativo como positivo. Por un lado, su soledad les hace parecer distantes y apartados, mientras que, por otro, les hace estar centrados, dedicados y llenos de energía. A los Acuario les encanta estar solos a veces, y si se le deja a su aire, pueden aportar ideas nuevas y emocionantes.

Si a los Acuario no se les da su espacio y soledad, se ponen de mal humor, y su claridad y precisión mental se desvanecen. Esto a menudo confunde a sus allegados, ya que no comprenden la razón de este comportamiento peculiar e imprevisto. Como Acuario, debe haber notado que no se preocupa por dar explicaciones o razones cuando quiere que lo dejen solo. Esto puede sobresaltar a sus seres queridos y les puede parecer inexplicable. Evítelo.

Liderazgo

Los acuarianos están dotados de un cerebro impecable. Son extraordinariamente encantadores, independientes y originales. Anhelan la estimulación intelectual en todo momento y se mantienen fieles a las personas que pueden proporcionársela. Estas cualidades les convierten en un gran líder de equipo, a pesar de ser rebeldes. Su falta de convencionalismo les convierte en un líder inimitable, ya que aportan soluciones que nadie más puede.

Atractivo

Su encanto, elucidación, audacia y alto intelecto los hacen populares entre las posibles parejas románticas, pero sorprendentemente, los acuarianos se inclinan más por la amistad que por el romance. Un problema al que suelen enfrentarse sus parejas es la dificultad para entenderlos. Esto puede conducir a la frustración, especialmente si las parejas no se llevan bien con su entusiasmo y energía. Los acuarianos son descuidados cuando se trata de reglas y normas, y eso puede parecer desagradable a sus parejas.

Inventivos y activos

Piensan continuamente, lo que les hace ser activos e inventivos. Siempre están pensando en nuevas ideas y encontrando nuevas soluciones para hacer del mundo un lugar mejor. Intentan descubrir nuevas formas de ayudar a los demás.

Aman los cambios

No solo desean el cambio, sino que lo adoran. Les encanta agitar las cosas para poder inspirar a los demás. Quieren mejorar la vida de todos, incluida la suya.

Entretenidos

Son extraños, no hay duda, pero esta actitud excéntrica los convierte en amigos muy codiciados. Nunca son aburridos y suelen tener un gran sentido del humor. Son buenos narradores y nunca le aburrirán. Les encanta compartir su alegría con los demás, lo que les hace ser populares entre todos.

Pensadores fuera de lo común

Sus excentricidades también les convierten en pensadores con una precisión y capacidad poco comunes. Se atreven a imaginar ideas que a otros simplemente no se les ocurren. Suelen interesarse por las discusiones filosóficas y poseen un pensamiento "fuera de la caja". Suelen asombrar a los demás aportando soluciones sencillas, pero eficaces, a problemas complejos.

Creativo

Nunca se sienten ociosos; siempre hacen una cosa u otra porque odian aburrirse. Son creativos e individualistas.

Agradable

Pueden parecer distantes, pero son algunas de las personas más amables y cariñosas que existen.

Librepensadores

Son grandes oyentes y a menudo escuchan las opiniones de los demás, pero rara vez cambian sus puntos de vista sobre algo. Tienden a mantener sus creencias e ideas, pero esto no significa que sean inflexibles.

Rasgos negativos de Acuario

De la sección anterior se desprende que los acuarianos están dotados de muchos rasgos positivos que pueden ayudarles a cambiar el mundo para bien. Estos rasgos les permiten disfrutar de su vida a fondo y con plena dedicación.

Sin embargo, no todo es genial en los acuarianos, ya que el signo también tiene características negativas. Estos rasgos negativos son, en cierto modo, una debilidad para los acuarianos, que a menudo les acarrean problemas. Deshacerse de estas debilidades puede facilitar la vida de los Acuario. Aquí hay una lista de debilidades comunes para los acuarianos.

Desapegado

Pueden ser bastante desapegados del mundo y de las personas que les rodean, lo que a menudo puede resultar irrespetuoso. Como acuariano, es necesario aprender a no parecer irrespetuoso ya que este rasgo puede hacer que le traten como un marginado.

Falta de equilibrio

Esto no se refiere al equilibrio físico. A los acuarianos les encanta cuidar de sus amigos y familiares, así como de otras personas. Están dotados de instintos humanitarios y tienden a mejorar el ambiente de sus grupos y equipos. Esto puede ser una ventaja para un líder de equipo, pero muchos acuarianos suelen olvidar que un equipo está formado por individuos distintos. Aunque cuidar del equipo como grupo es esencial, también es necesario cuidar de los individuos como personas separadas. Cada persona tiene una importancia distinta en su vida y tratarla como tal le ayudará a mejorar la comunicación y la relación con ella. Es importante encontrar el equilibrio entre el equipo y el individuo.

Testarudo

Pueden ser bastante testarudos. Se mantienen firmes en sus puntos de vista y opiniones y no los cambian, independientemente de quién intente convencerles y de qué manera. Escucharán las opiniones de los demás, pero seguirán estrictamente sus propias ideas.

Impaciencia

Esto está estrechamente relacionado con el punto anterior. Los acuarianos no solo evitan cambiar sus opiniones o ideas, sino que también tienden a impacientarse con las personas que intentan cambiarlas. Odian que la gente no pueda entender su opinión o ver su lado de algo.

Imprevisibilidad

Esta es una ventaja y un inconveniente para los acuarianos. La imprevisibilidad, combinada con la amabilidad hacia la independencia, puede hacer que los Acuario parezcan demasiado impersonales y distantes. Los acuarianos aman sus propios pensamientos e ideas, lo que los hace imprevisibles y confusos para las personas que no los conocen bien.

En la sección anterior se han tratado los rasgos generales de Acuario. La siguiente sección se centrará en los rasgos clave específicos que se observan en los individuos de Acuario de ambos sexos.

La mujer Acuario: Rasgos clave

Ningún signo es como Acuario, ni siquiera otros signos de aire. Los acuarianos son bastante serios y están conectados con la realidad, pero les encanta entregarse a la filosofía y la fantasía. Las mujeres acuarianas son poderosas, casi como una fuerza de la naturaleza, lo que puede resultar bastante aterrador para las personas que las rodean. Estos son los rasgos que pueden ayudarle a entender mejor a una mujer acuariana.

Lado dominante

Cuando conoce a una mujer acuariana, deje que su lado dominante salga a la superficie. Esto le ayudará a entenderla mejor. Estas mujeres suelen ser sabias, autosuficientes y muy auténticas. Suelen estar siempre a la búsqueda de nuevas ideas y libertad.

Humanitarismo

Al igual que el resto de los acuarianos, a las mujeres acuarianas les encanta ayudar a los demás. Tienden a interpretar la vida en general de una manera sorprendentemente poco convencional y fuera de lo común. Le sorprenderán con su interpretación de la vida. Algunas de las mujeres acuarianas más famosas son Rosa Parks, Virginia Woolf, Oprah Winfrey, Yoko Ono, Shakira y Jennifer Aniston.

Independencia y misterio

Una mujer nacida bajo Acuario está llena de misterio, falta de convencionalismo y pasión. Le encanta la independencia. Acuario es un signo fijo, por lo que no le gusta que la controlen.

Servicial

Les encanta ayudar a los demás. Siempre que necesite un consejo o ayuda, ella estará ahí para usted. Le encanta cuidar de las personas y de los animales. Siempre se involucrará en una causa si eso puede ayudar a que la Tierra y la sociedad sean un lugar mejor para vivir. Nunca se echa atrás ante un reto o para ayudar a los demás.

Mariposa social

A una mujer acuariana le encanta socializar y, por lo general, tendrá amigos de varias culturas y lugares si su entorno se lo permite. No solo le gusta entablar amistad con varias personas, sino que también tiende a mantener las amistades intactas. Cumple sus promesas y es muy leal. También es leal a las ideas, los conceptos y las condiciones. Por ejemplo, si le gusta un restaurante o un lugar para comer, lo visitará con frecuencia. De hecho, es posible que visite siempre el mismo restaurante. Es devota y dedicada.

Una amante independiente

Una mujer acuariana será una amante independiente. Le encanta el concepto de amor y puede transformarse en varios papeles solo para satisfacer a su pareja. Puede hacer de hermana, de madre, de proveedora e incluso de padre si es necesario.

Aunque a las mujeres acuarianas les encanta el concepto del amor, les resulta bastante difícil enamorarse. No les gusta encariñarse con alguien, ni siquiera en el amor. Las primeras citas sirven únicamente para establecer la confianza. Una vez establecida la confianza, puede encontrar interés en la persona.

El amor duele

Amar a una mujer Acuario puede ser una tarea difícil. Es muy inteligente e independiente. La pareja debe estar preparada mental y psicológicamente para lidiar con una fuerza como ella. Una mujer acuariana pone un alto precio a la comunicación. Está en contacto con sus sentimientos y emociones y los filtra con frecuencia para salvaguardarlos. Es amistosa, pero nunca dejará que nadie llegue a ella con facilidad. En cuanto una mujer acuariana se enamora de alguien, se convierte en la persona más entregada que se pueda imaginar. Es difícil predecir sus acciones, por lo que la otra persona puede sentirse a menudo sorprendida y aturdida en la relación. Para una mujer acuariana, hacer el amor es algo cerebral, y no le gustan las inhibiciones; le gusta experimentar mucho y hará una variedad de cosas nuevas en la cama.

Incluso en una relación, una mujer acuariana querrá y apreciará su independencia. No puede tolerar a un compañero que no respete su independencia y autosuficiencia. Su pareja ideal debe ser comprensiva, inteligente y audaz. Deberá entender su lado que rara vez es visible para los demás.

Domesticidad

Una mujer de Acuario no es muy doméstica. Necesita su espacio y discreción en una pareja; de lo contrario, la relación morirá inmediatamente. Los acuarianos odian la tradición y una mujer acuariana tampoco será del tipo tradicional. Nunca le lavará la ropa ni le preparará la cena. Es una rebelde y hará su propio camino. Las parejas ideales para las mujeres de Acuario son Géminis, Libra, Sagitario y Aries.

Maternidad

Aunque no todas las mujeres aman ser madres o quieren serlo, las que lo hacen pueden continuar con esta sección. Las madres acuarianas están llenas de amor, pero necesitan su propia libertad. Sus hijos suelen aprender la importancia de la individualidad a una edad temprana y saben cómo tratar a otras personas con respeto y honor.

Una madre acuariana trata a sus hijos de igual a igual y disfruta jugando con ellos. Siempre está orgullosa de su familia y hablará de ella con los demás con bastante frecuencia.

Amigable

Una mujer acuariana es bastante amistosa y tiene muchos amigos de diversos ámbitos de la vida.

Reservada

Una mujer acuariana disfruta plenamente de su libertad, por lo que al principio puede resultarle un poco difícil mostrar sus verdaderos sentimientos a otras personas. Prefiere a las personas que tienen los mismos puntos de vista sobre la libertad que ella. Su grupo de amigos suele estar formado por pensadores profundos e intelectuales. Le gustan los retos intelectuales si se siente cómoda con la persona, de lo contrario, puede actuar de forma reservada.

Persona diversa

Tratan a todo el mundo por igual, y no es de extrañar que el grupo o círculo social de una mujer acuariana esté formado por personas de muy diversa índole. Tendrá todo tipo de amigos de una gran variedad de entornos sociales. Todos ellos tendrán, por lo general, personalidades bastante coloridas y atrevidas. Una mujer acuariana siempre querrá un grupo de amigos que sea diverso e interesante, como su personalidad. Para ella, ser multilateral es crucial. Valora la amistad y aprecia y celebra a sus amigos. Es confiable, devota y dedicada a sus amigos.

Dinero

Les gusta tener dinero, pero es solo un medio para conseguir cosas, y no el objetivo. Una mujer acuariana no está demasiado enfocada en ganar dinero; en cambio, se enfoca más en si disfruta del trabajo.

La independencia y la dedicación permiten a la mujer acuariana ganar mucho dinero. No le importa correr riesgos y suele estar abierta a una variedad de nuevas ideas. No está loca por el dinero, pero sí sabe cómo ganarlo.

Es generosa y suele donar generosamente a la caridad.

Se recomienda a las mujeres acuarianas que contraten a contadores. Los acuarianos no valoran mucho el dinero y no piensan demasiado en él. Esto puede arruinar sus finanzas si no se maneja con cuidado.

Trabajo

Acuario está representado con un portador de agua, es decir, el portador de ideas; esto hace que el signo sea audaz, inteligente y creativo. Una mujer acuariana también es muy solicitada porque es imaginativa y creativa en su trabajo. Sabe cómo hacer que las cosas sucedan y es buena para ser asertiva y mantener el control. Esto la convierte en una gran jefa y una brillante líder de su gente.

Tanto los colegas como los trabajadores la encuentran agradable, inspiradora y dedicada. Su carácter trabajador la convierte en una buena psicóloga, profesora, política, músico, gestora, trabajadora social, etc.

Salud

Por lo general, gozan de buena salud y no hacen mucho ejercicio. Aun así, se les recomienda seguir una rutina de ejercicios para mantener su salud. Las mujeres acuarianas tienen su talón de Aquiles en su talón. Deben prestar mucha atención a sus tobillos. Debe prestar atención en dónde pisa y debe cuidar sus piernas.

Creadora de tendencias

Les gusta encontrar y forjar su propio camino, por lo que rara vez verás a una mujer acuariana en un centro comercial normal comprando ropa sencilla. Le gusta comprar piezas únicas que le parezcan impresionantes y diferentes. No le gusta seguir las tendencias, sino que prefiere crear las suyas propias. Trabaja con la ropa que tiene, por lo que su estilo suele describirse como interesante, valiente y fuera de lo común.

Una mujer de Acuario debería vestir de verde esmeralda, turquesa y tonos brillantes similares, ya que estos colores le favorecen. Tiende a llevar ropa elegante con joyas minimalistas y discretas.

El hombre Acuario: Rasgos clave

En la sección anterior se trataron los detalles y los rasgos clave de las mujeres acuarianas; aquí hay una pequeña sección que cubre los rasgos clave de los hombres acuarianos.

Órdenes

Los hombres acuarianos odian seguir órdenes; no espere que hagan algo solo porque se lo has pedido. Los hombres acuarianos son libertinos, autosuficientes y muy independientes. Siempre buscan la libertad en cualquier situación.

Encantador

Muchas personas se sienten un poco abrumadas después de conocer a un acuariano por primera vez. Pero si les concede el tiempo suficiente, le sorprenderá su intelecto. Le encantará al instante y quedará fascinado con sus soluciones visionarias, brillantes e inventivas.

Poco ortodoxo

Un hombre acuariano puede parecer ligeramente poco ortodoxo al principio o incluso más adelante en la relación, pero esto es normal. La naturaleza poco ortodoxa de un hombre acuariano es el resultado de su perspectiva única sobre el mundo. Con el tiempo, la gente aprende a apreciar esta singularidad y le sigue. Le gustan las cosas inusuales que mucha gente desconoce. No le gusta seguir a la gente, ya que es un líder nato.

Innovación

Un hombre acuariano está dotado de una creatividad e intelecto extremos. Sus ideas suelen estar orientadas al beneficio de la sociedad y pueden provocar un cambio en el mundo si se le brinda la oportunidad adecuada. Sin embargo, este intelecto superior no lo hace demasiado cerebral y suele tener los pies en la tierra. Seguirá siendo innovador y pensando profundamente hasta que se le quite la libertad. Una vez que se le falte el respeto a su libertad, valores e ideales, puede empezar a caer en espiral.

Inconformismo

Un hombre acuariano sabe cómo funciona el mundo y puede mostrarle cómo funciona si se lo permite. Nunca le llevará a los lugares habituales y siempre tratará de encontrar lugares interesantes que vendan cosas únicas. El lugar rara vez tendrá la clientela habitual y regular. A los hombres acuarianos les gusta ser inconformistas, y a menudo tendrán un estilo de vida curioso con una carrera diferente e inusual.

Entre los hombres famosos de Acuario se encuentran Thomas Edison, Bob Marley, James Dean y Michael Jordan.

Les gusta el respeto

Para mantener feliz a un acuariano, es necesario respetar su libertad, pero nunca abusar de ella. Un hombre acuariano trata todo con alegría, incluso el amor. Generalmente se mostrará juguetón durante toda la relación y será encantador siempre que sea necesario.

A los hombres acuarianos no les gusta demostrar el amor de la forma habitual y anticuada. Puede que ni siquiera hagan la rutina del "te quiero" cuando llegue el momento. Esto será demasiado convencional y normal para ellos. Los hombres acuarianos no elegirán los regalos habituales ni las citas regulares, como flores, chocolates, películas, etc. Esperan ir a los viejos artistas chinos para hacerse tatuajes, tener estrellas con su nombre, o ir de excursión y ver cuevas.

Lealtad

Un hombre acuariano puede ser bastante popular y tener muchos amigos, pero es un romántico incurable bajo la apariencia de una persona racional. Es un idealista, un compañero leal y un verdadero amigo.

El gran número de amigos que tiene un hombre Acuario demuestra lo popular y encantador que es. Es un romántico empedernido, una persona racional, un gran amigo, un compañero de confianza. Puede ser bastante caprichoso, pero en última instancia, es lógico. Sus decisiones pueden parecer inusuales, pero generalmente serán correctas.

Libertad en la relación

Prefiere una relación en la que ambos miembros de la pareja respeten y aprecien la libertad y la independencia. Prefiere una relación en la que la pareja sea autosuficiente, como él. Esto se interpreta a menudo como un deseo de tener una relación abierta, pero es falso.

Romántico sin remedio

Los hombres acuarianos son verdaderamente apasionados por sus parejas y lo sacrificarán todo, incluso a sí mismos, por sus seres queridos. Para él, las grandes historias de amor, como la de Romeo y Julieta, son fascinantes. No todos los hombres acuarianos actúan de forma muy grandiosa, pero aun así recibirá de ellos sorpresas inusuales (a menudo agradables).

Atracción mental e intimidad

Un hombre acuariano está más interesado en las capacidades mentales e intelectuales de una persona que en sus atributos físicos. Debe ser capaz de comunicarse con la persona y compartir la intimidad mental. Sin esto, no puede disfrutar de la relación.

Un hombre acuariano es un verdadero romántico al que le encantará mostrar su afecto de vez en cuando.

En el dormitorio

Un hombre acuariano anhela la intimidad mental. Le encanta la atracción mental y necesita formar un vínculo mental íntimo con la pareja antes que cualquier otra cosa. No es un amante laborioso, pero será innovador en el dormitorio. Está regido por el elemento Aire. Si quiere llegar a su lado erótico, tendrá que aprovechar su lado mental. Le encantan los juegos mentales antes que cualquier otra cosa en el dormitorio.

Desafíos

El hombre acuariano es atrevido y le encanta probar cosas nuevas dentro y fuera del dormitorio. Puede pedirle que le acompañe en una maratón o que salte de un avión. También en el dormitorio le gusta probar cosas nuevas.

Compromiso

Pueden ser silenciosos, pero siempre darán una nueva sorpresa una vez que confíen en usted. Puede ser bastante difícil tocar el núcleo de un acuariano tranquilo, pero definitivamente vale la pena el trabajo duro. Nunca lamentará ser amigo de un acuariano.

Aprecian su independencia y la disfrutarán siempre. No se comprometerán con una persona hasta que se den cuenta de que esa persona es la indicada para ellos. Una vez que se dé cuenta de que es realmente la persona adecuada, se comprometerá inmediatamente con total felicidad. Su pareja debe ser comprensiva e inteligente.

Pareja ideal

Un acuariano quiere una pareja que vea la vida desde su punto de vista. Si alguna vez cree que su independencia se ve amenazada, desaparecerá. No le gusta que las cosas vayan mal y mostrará su infelicidad.

Los signos más compatibles con Acuario son Géminis, Libra, Aries y Sagitario.

Visionario

Un hombre acuariano es intuitivo y siempre tendrá soluciones para los problemas, aunque parezcan irresolubles para los demás. Un hombre acuariano puede ser un gran líder si se vuelve más flexible. Es inteligente, lógico y avispado, lo que hace que carreras como psiquiatra, ingeniero, asesor financiero, investigador o químico sean perfectas para él. Es humanitario de corazón y desea cambiar el mundo, por lo que también puede ser un buen político.

Amistoso

Un hombre acuariano tiene muchos amigos y siempre estará interesado en socializar con la gente. Es un animal social y bastante popular entre todo tipo de personas. Aunque su amabilidad le hace ser popular entre mucha gente, no muchos de ellos le entienden correctamente. Por lo general, tiende a ocultar sus emociones y sentimientos y puede reaccionar de diversas maneras en situaciones similares. A menudo intenta descubrir los verdaderos sentimientos de sus amigos hacia él. Se recomienda que se deje llevar por esta fantasía suya y vea lo que descubre.

Lógica

Un hombre acuariano se mueve por la lógica, y solo la lógica controla su cartera. Es casi imposible ser más astuto que él, especialmente en los negocios. Sabe dónde y cómo invertir para obtener el máximo beneficio. Siempre analiza los riesgos que conlleva algo e invertirá una vez que comprenda completamente los riesgos. Siempre lee los contratos antes de firmarlos.

Salud

Gozan de buena salud, ya que suelen ser bastante activos. El exceso de actividad puede traer problemas relacionados con las piernas. Un hombre de Acuario debe cuidar sus piernas.

Jugador de equipo

Un hombre acuariano es un jugador de equipo y le encanta estar en un equipo. Le encanta formar parte de deportes y actividades de equipo, ya que le gusta hacer nuevos amigos. El hombre de Acuario puede tener muchos conocidos, pero solo tiene unos pocos amigos. Es un tipo simpático y generalmente seguro de sí mismo. La gente puede encontrarlo un poco confuso a veces, ya que tiende a distanciarse de los demás para mantener una relación adecuada. Es una persona leal y aprecia y valora la amistad.

Estilo

En cuanto al estilo y la moda, el hombre acuariano prefiere la ropa que retrata su estilo y personalidad únicos. Le gusta la ropa que siente que le queda bien y no le importa lo que piensen los demás. Suele llamar la atención de los demás con su interesante combinación de ropa. Si alguna vez lleva joyas, normalmente son elegantes y rara vez opulentas.

Capítulo 3: Cúspides

¿Alguna vez ha sentido que muestra los rasgos de dos signos zodiacales diferentes? Por ejemplo, ¿puede haber nacido bajo Leo, pero mostrar a menudo rasgos de Cáncer o viceversa? No es el único; se trata de una condición común conocida como nacimiento en cúspide. Las personas nacidas en la cúspide tienen dos signos zodiacales individuales que funcionan en varias combinaciones. Por ejemplo, usted puede nacer en la cúspide Leo-Cáncer, lo que significa que mostrará rasgos relacionados con estos dos signos.

Cuando se nace bajo un signo del Zodiaco en particular, el Sol está presente en esa constelación. El sol se mueve gradualmente entre los signos. Si una persona nace cuando se produce este movimiento, se dice que ha nacido en la cúspide. Esto permite que los dos signos zodiacales vecinos influyan en la persona.

El periodo de la cúspide del Sol comienza a 29 grados y 30 minutos en el primer signo y luego pasa por el siguiente signo a 0 grados y 30 minutos. Es necesario conocer la hora de nacimiento de una persona para calcular con precisión su carta astral y ver si ha nacido en la cúspide. Debido al ligero desplazamiento de los cuerpos astrales, la fecha varía de un año a otro. Puede averiguar su Sol natal utilizando cualquier calculadora de signos solares en línea.

En astrología, una cúspide es una línea imaginaria que divide dos signos consecutivos. El disco solar tiene alrededor de ½ grado de diámetro. Esto es conveniente, ya que permite al Sol montar la cúspide. El movimiento del Sol le permite estar parcialmente presente en dos lados simultáneamente.

En términos sencillos, si una persona nace tres días antes o tres días después de que comience el cambio, nace en la cúspide y mostrará los rasgos de ambos signos.

La cúspide y sus efectos

Nacer en una cúspide puede ser una experiencia única, ya que permite a la persona tener rasgos de personalidad de ambos signos, pero a menudo la energía de ambos signos puede competir entre sí. Esto proporciona a los individuos diversas cualidades y problemas. Acuario, como todos los demás signos del Zodiaco, tiene dos cúspides. Son:

- Acuario y Capricornio
- Acuario y Piscis

Veamos estas dos combinaciones.

Cúspide Acuario-Capricornio

Fechas: Del 16 al 22 de enero

Los nacidos en cúspide Capricornio-Acuario pueden mostrar muchas facetas de sí mismos al público, pero lo que más importa es su vida personal y privada. Sus sueños despiertos, sus fantasías internas, sus ideas, sus emociones y sus sentimientos les importan mucho. Son almas creativas y lo que más les importa es el funcionamiento de su mente interior.

Como su vida interior es tan fascinante y rica, los Capricornio-Acuario pueden sentirse tristes o decepcionados con su vida exterior. Pueden encontrarlas constreñidas, monótonas, aburridas y carentes. Pueden tener una vaga sensación de hastío. Esto puede provocar dificultades en sus relaciones. Es difícil estar con una persona a la que le gusta vivir en la fantasía porque la vida real nunca puede estar a la altura de sus deseos.

Un aspecto positivo de ser muy imaginativo es que hace que las personas nacidas en esta cúspide sean muy creativas. Esta creatividad fluye a través de ellos como un río.

Los nacidos en esta cúspide son grandes comunicadores. Les encantan las relaciones basadas en animadas discusiones intelectuales. Este emparejamiento de Urano y Saturno puede dar lugar a una persona creativa y emocional, pero también puede conducir a un deseo de lógica, contexto y razonamiento. Los individuos nacidos en esta cúspide son competitivos y se dejan llevar por esta paradoja. Este afán de competitividad combinado con la creatividad puede llevarles a un gran éxito si consiguen superar su vida de fantasía.

La mayoría de los Capricornio-Acuario tienen muchas contradicciones en su interior. Necesitan una fuerte sensación de seguridad, pero este deseo se combina con la pasión por la libertad. Les encanta aprender, pero pueden sentirse abrumados por los desafíos. Quieren cambiar el mundo para mejor, pero a menudo se hacen ilusiones sobre la realidad.

Las personas nacidas bajo esta cúspide pueden ser bastante críticas, lo que puede resultar difícil para los demás. Si usted es un Capricornio-Acuario cuyas críticas suelen ser mal recibidas, intente suavizar los golpes.

Cúspide Acuario-Piscis

Fechas: Del 15 al 21 de febrero

Las personas nacidas en esta cúspide suelen considerarse los videntes naturales del zodiaco.

Son tolerantes, comprensivos, compasivos y, en general, tienen una personalidad extrovertida. Son bastante sensibles. Les gusta estar rodeados de gente, ya que puede aliviar el estrés, rejuvenecerlos y ofrecerles un sentido de propósito. Suelen tener miedo a ser incomprendidos.

Las personas nacidas en esta cúspide están orientadas a los objetivos, pero también son las más procrastinadoras. La procrastinación puede estar incorporada, lo que a menudo interrumpe el flujo de cosas presentes en sus mentes. Esto puede crear un desorden en su cabeza, pero rara vez se preocupan por ello. Su mente está tan llena de ideas brillantes como de energía creativa. Esta cúspide está en contacto con su lado emocional y compasivo, lo que a menudo les inclina a evitar sus deberes y tareas diarias, lo que los lleva a tener problemas más adelante.

Neptuno y Urano rigen a las personas nacidas en esta cúspide, por lo que casi todo el mundo las quiere. Son brillantes, sorprendentes, muy inteligentes y creativos, aunque a veces sienten que nadie les entiende. Estas personas deben recordar siempre que no es necesario que todo el mundo te entienda. Lo único que importa es que usted les entienda a ellos. Comprender a alguien puede ser la mayor fortaleza que puede tener un ser humano.

Las personas nacidas en esta cúspide tienen una mente brillante que debe ser apreciada.

Rasgos de carácter de la cúspide Capricornio-Acuario

El género de los de cúspide Capricornio-Acuario no importa; todos son individuos que han nacido para reformar y cambiar el mundo para bien. Quieren introducir en el mundo los cambios ideales que deberían haberse realizado hace mucho tiempo. Esta combinación de signos es bastante viva y extraña, ya que, por un lado, a estas personas les gusta aferrarse a las costumbres y tradiciones, mientras que, por otro lado, quieren transformar el mundo que les rodea. Las personas nacidas en esta cúspide tienden a utilizar su educación de forma positiva e intentan introducir cambios utilizando las antiguas tradiciones.

Esta cúspide puede ser bastante imprevisible porque son extremadamente inteligentes y talentosos; de hecho, su inteligencia puede rozar a menudo la locura. Aun así, podrían combinar los contras con los pros y convertirlos en "pros recargados" que, en última instancia, pueden servirles mejor. He aquí una lista de rasgos positivos y negativos de esta cúspide.

Los rasgos positivos

• **Determinación:** Estos individuos son altamente determinados y dedicados a las metas, situaciones y personas.

• **Reformistas:** Odian el statu quo y desean introducir cambios en el mundo.

• **Prácticos:** Saben cómo funciona el mundo, por lo que tienden a evitar la perspectiva idealista que es común en las personas inteligentes.

• **Creativos:** Los elementos de tierra y aire rigen a las personas nacidas en esta cúspide. Esta combinación los hace bastante creativos y talentosos.

• **Visionarios:** Poseen una visión extraordinaria y quieren cambiar el mundo con ella. Creen que el mundo puede cambiar para mejor y hacerlo más cómodo para todos.

• **Animador:** Disfrutan de la diversión y les gusta entretener a los demás.

• **Disciplinados:** Son muy disciplinados con respecto a ciertos aspectos de su vida y tienden a seguir ciertas reglas de manera inflexible.

• **Soñador:** Gracias a su inmensa creatividad, tienden a ver las cosas desde un punto de vista diferente.

• **Tradicional:** Aunque abrigan el deseo de cambiar el mundo, también se entregan a las tradiciones.

• **Responsables:** Son responsables y evitan los problemas percibidos como sin sentido.

- **Innovadores:** Son innovadores y pueden encontrar soluciones rápidas a problemas difíciles.

- **Resistentes:** Tienen una inmensa resistencia y pueden trabajar duro para lograr sus sueños.

- **Multitalento:** Son polifacéticos y se interesan por una amplia gama de temas.

- **Ambiciosos:** Albergan grandes ambiciones, entre ellas la de cambiar su entorno para mejor.

- **Leales:** Son muy leales a sus amigos, familiares y allegados.

En última instancia, esta cúspide da lugar a un visionario, reformista, humanitario y filántropo que valora la libertad y quiere ayudar a otros a conseguirla. Este signo ha nacido para marcar la diferencia en la sociedad y está dotado de las cualidades necesarias para ello.

Esta persona suele ser habladora y muy expresiva, pero también puede ser reservada y tímida. Tienen un mundo privado lleno de vivacidad, fantasía, emoción y excentricidad en su interior. Son muy visuales y les encanta imaginar cosas. Esto les hace ser creativos y divertidos.

Se inspiran menos en la realidad que en los sueños vívidos que suelen tener. Esto alimenta su creatividad y su instinto individual, que convierten en un medio de expresión y comunicación. También les sirve de enlace entre los sueños y la realidad.

Muchos signos del Zodiaco pueden cansarse de ciertos proyectos y dejarlos pasar, pero a las personas nacidas en esta cúspide les gusta cumplir con todas las tareas que emprenden. Poseen una dosis añadida de impulso y motivación, que les obliga a continuar hasta conseguir su objetivo.

La perseverancia es la mayor motivación de los nacidos en esta cúspide. Les permite ganar poder y autoridad. Al ser un signo fijo, les obliga a permanecer en el camino hacia la meta, incluso si el objetivo final no tiene beneficios o ganancias. El lado Capricornio de esta cúspide puede pedir que se abandone el proyecto, pero el lado Acuario obligará a la otra mitad a continuar por el bien de la imaginación y la visión asociadas al proyecto.

Otro rasgo, que es una bendición disfrazada, es que la persona nacida en esta cúspide tiene las cualidades, habilidades y pasión para transformar sus sueños en realidad. Esta cúspide es una interesante combinación de varios rasgos, entre los que se incluyen los de experimentador, soñador, realista y práctico. No les gusta seguir un camino trillado; prefieren descubrir sus propios caminos. Tienen mentes curiosas y les encanta experimentar con nuevas ideas hasta dar con algo excepcionalmente gratificante y único.

Las personas nacidas en esta cúspide son polifacéticas. Pueden ser un gran científico o un artista brillante. Por eso esta cúspide también se conoce como la Cúspide del Genio. Su mentalidad abierta, combinada con su punto de vista radical y su creatividad, hace que tengan éxito en la mayoría de las carreras y campos.

Saturno rige los dos signos presentes en esta cúspide. Este planeta está asociado al trabajo duro, y no es de extrañar que las personas nacidas en la cúspide de estos dos signos sean dedicadas y trabajen duro.

Las personas nacidas en esta cúspide tienen la cantidad justa de sentido práctico, confianza y precaución. Tienen el deseo de cambiar el mundo, pero quieren hacerlo de forma equilibrada y realista.

Son amigos brillantes que nunca defraudan a sus seres queridos. Sus amigos nunca tendrán un movimiento aburrido cuando estén cerca.

Los rasgos negativos

Esta es una lista de los rasgos negativos que tiene esta cúspide.

• **Exceso de crítica:** Pueden ser excesivamente críticos con las personas y las situaciones; eso puede alejar a sus amigos.

- **Mandones:** Son inteligentes, creativos y talentosos. Estos rasgos a menudo pueden traer consigo el juicio y la actitud mandona.

- **Distante:** Les gusta la soledad, lo que a menudo se confunde con ser distante.

- **Testarudo:** Pueden ser bastante testarudos, especialmente cuando se les pide que cambien sus creencias.

- **Reservado:** Su soledad también puede hacerlos parecer reservados.

- **Duro:** No tienen pelos en la lengua y dejan que la gente sepa cómo son realmente las cosas.

- **De mente estrecha:** No les gusta cambiar sus ideas. Su amor por la tradición puede hacerlos un poco mojigatos y conservadores.

- **Poco convencional:** Algunas personas pueden considerar que su singularidad es poco atractiva.

- **Rebeldes:** Les gusta ir en contra de las ideas y cosas típicas.

- **Fríos:** Son amigables, pero también pueden actuar con frialdad en ocasiones, lo que suele confundir a sus amigos.

- **Impredecibles:** Nunca se puede predecir lo que esta persona dirá o hará.

Estos individuos son decididos y disciplinados, lo que puede hacer que sean bastante mandones y críticos con las personas que no son disciplinadas. Esta actitud exigente y excesivamente crítica les dificulta ocasionalmente las cosas.

A estas personas no les gusta que las critiquen. No pueden entender que una persona no pueda ver su punto de vista o compartir su visión. Su visión es perfecta para ellos, y si la gente no la comparte, se sienten frustrados.

Esta cúspide puede ser excéntrica, pero de mente abierta, pero cuando se cuestionan sus ideologías o creencias personales, pueden volverse de mente estrecha rápidamente.

Estos individuos prefieren estándares altos en casi todo en su vida. Prefieren mantener unos estándares elevados en casi todos los aspectos de su ser. Por eso tienden a juzgar a las personas que no están a la altura de sus normas y expectativas.

Este carácter crítico y enjuiciador dificulta el disfrute de cualquier relación, ya que siempre la comparan con otras situaciones.

Su carácter poco convencional y testarudo puede ser visto como rebelde, lo que puede no sentar bien a mucha gente de su entorno. Son extremadamente dedicados a sus sueños y trabajan por ellos con una pasión que les hace olvidar todo lo demás. Son obstinados y no saben cuándo y cómo rendirse. No dejarán piedra sin mover para conseguir algo, aunque les duela enormemente.

Temen ser incomprendidos o no ser comprendidos en absoluto. Si ven que este miedo se hace realidad, tienden a entrar en un mundo de fantasía propio y a disminuir la realidad. Por eso, a menudo pueden divagar en su mundo interior, lo que puede hacerles parecer duros, fríos, distantes y reservados.

A menudo se dice que son el alma de la fiesta y disfrutan mucho de las interacciones sociales. Pero solo establecen buenas conexiones con personas con su mismo coeficiente intelectual. Por eso, a estos individuos les resulta a menudo imposible mantener relaciones personales.

Es necesario que las personas pertenecientes a esta cúspide encuentren un punto de equilibrio entre la realidad y sus sueños. Si no buscan pronto este equilibrio, pueden volverse desapegados y deprimidos. Esto puede parecer un reto al principio, pero con dedicación, puede lograrse.

Las personas nacidas en esta cúspide son inmensamente interesantes y divertidas. Aportan una sensación de frescura allá donde van. Odian la monotonía y la naturaleza mecánica de la vida cotidiana y tratan de hacerla emocionante y feliz. Son amables y sociables, pero también poseen una sensación de misterio a su alrededor. Por eso esta cúspide también se conoce como la Cúspide de la Imaginación y el Misterio.

Rasgos de personalidad de Acuario-Piscis

Las personas nacidas en la cúspide Acuario-Piscis tienden a ser muy sensibles. Están más pendientes de su espacio universal y personal que de los problemas y preocupaciones del mundo.

Prefieren pasar tiempo consigo mismos para comprenderse mejor. Puede ser difícil para ellos gestionar su día a día, ya que es todo un reto centrarse en las cosas mundanas para ellos.

Estas personas desean vivir experiencias, pero no consiguen ser objetivas durante mucho tiempo o les resulta difícil hacerlo. Son sensibles y encontrar el equilibrio puede ser una tarea bastante difícil para ellos. Para obtener los mejores resultados, necesitan aprender a salir al mundo y no esconderse en un caparazón. Necesitan aprender a sentirse cómodos y a gusto con el mundo.

Las personas nacidas en la cúspide Acuario-Piscis son imaginativas, compasivas y comprensivas con los demás. Son desorganizados y tienden a procrastinar mucho. Es posible que se fijen objetivos con frecuencia, pero estas dos tendencias hacen que a menudo se creen sus propios obstáculos.

Son poco convencionales y excéntricos, y son únicos y originales. Quieren cambiar el mundo y son muy aptos para ello, ya que son polifacéticos. El único problema que se interpone entre ellos y un mundo mejor es su carácter tímido.

A veces, estas personas están dotadas de inmensas e increíbles capacidades musicales.

Aunque suelen ser tímidos, les encanta socializar. Les gusta ayudar a los demás, ya que este acto alivia su ansiedad y estrés.

Son románticos y coquetos y tienen un afecto genuino hacia las personas. Su compasión lo abarca todo. Miran el mundo desde un punto de vista único que los demás no suelen ver.

Las personas nacidas bajo este signo se consideran psíquicos naturales. Si no se concentran en estas habilidades desde su infancia, pueden ocultarlas y apagarlas para siempre.

Evitan abrirse a la gente, especialmente cuando se dan cuenta de que los demás no comparten su punto de vista y su visión. Odian ser ridiculizados y no lo toleran.

Esta cúspide también se conoce como la Cúspide de la Sensibilidad. Se caracteriza por:

- **Sensibilidad:** Los nacidos bajo esta cúspide son bastante sensibles a las señales emocionales de los demás. Pueden entender lo que otros rara vez no logran comprender. Esta sensibilidad proviene de su capacidad para ver más allá de las fachadas que la mayoría de nosotros ponemos.

- **Singularidad:** La amalgama perfecta de aire y agua da lugar a una personalidad única. Su capacidad de pensar y experimentar la vida es única.

- **Tolerancia:** La tolerancia de esta cúspide no se parece a ninguna otra. Son de mente abierta y reciben el cambio con los brazos abiertos. No hay nada ni remotamente estrecho de miras en su forma de pensar. Esta tolerancia suele ser visible en todos los aspectos de su vida.

- **Talento:** Las cúspides Acuario-Piscis son extraordinariamente creativos y talentosos. Su tendencia a dar rienda suelta a su imaginación es quizá una de las principales razones de ello.

- **Emociones:** Como esta cúspide es conocida por su sensibilidad, sienten todas las emociones con bastante fuerza. Cuando están rodeados de seres queridos o en un entorno feliz, las vibraciones positivas que experimentan estos individuos se magnifican.

• **Mérito artístico:** Una de las expresiones artísticas favoritas de la imaginación por la que es conocida esta cúspide es la pintura o el dibujo. La mayoría de los individuos nacidos bajo esta cúspide tienen una inclinación natural hacia las artes.

• **Soñadores:** Esta cúspide es el de los soñadores e inventores. Sueñan con grandes sueños y no tienen miedo de perseguirlos.

• **Idealismo:** Esta cúspide es idealista. Son fuertes defensores de la idea de "lo que debería ser" en todos los aspectos de la vida.

• **Sensualidad:** La combinación de Acuario y Piscis da como resultado una cúspide que es bastante sensual. No solo están en contacto con su inherente sensualidad, sino que no tienen miedo de mostrarla.

• **Orgullo:** Esta cúspide se enorgullece enormemente de su trabajo y de todos los demás atributos de su vida. Su orgullo no se traduce en arrogancia, sino que brilla en todo lo que dicen y hacen.

• **Coquetería:** La naturaleza juguetona de Acuario los hace buenos para coquetear. El brillo travieso en sus ojos mientras coquetean es claro para cualquiera que preste atención. Este deseo de coquetear, sumado a su sensualidad, los hace hábiles en el coqueteo.

• **Lealtad:** Los acuarianos y los piscianos son conocidos por su lealtad. Como es lógico, la cúspide de estos zodiacos se traduce en una lealtad feroz. Una vez que se haya ganado la confianza de esta cúspide, estarán a su lado hasta que haga algo que rompa su confianza.

• **Compasión:** Este signo del Zodiaco es sensible a las emociones y los sentimientos de los que le rodean. Por lo tanto, son compasivos por naturaleza. Suelen intentar aportar su granito de arena para aliviar el sufrimiento y la miseria.

• **Practicidad:** No son solo soñadores; su imaginación, cuando se atempera con un poco de pesimismo, les hace ser prácticos.

Los rasgos negativos

Hipersensibilidad: Una similitud que comparten todos los nacidos bajo esta cúspide es la sensibilidad. Hasta la más mínima crítica se toma como algo personal y se magnifica. Cada comentario se convierte en un ataque personal. Esta es una de las razones por las que esta cúspide es conocida por ser pendenciera.

• **Pesimismo:** Pensar en el peor resultado en cada situación podría calificarse de realismo, pero no es más que pesimismo. Estos individuos siempre tienen una perspectiva de "vaso medio vacío" hacia la vida.

• **Secretismo:** Jugar sus cartas cerca del pecho parece ser el mantra de esta cúspide. Son increíblemente personales y no se abren fácilmente a los demás. Lo que podría parecer secreto para el ojo inexperto es simplemente su deseo de mantener las cosas en privado.

• **Mal humor:** La cúspide de los signos de aire y agua es conocida por su mal humor. En un momento pueden parecer alegres, abiertos y despreocupados, y al siguiente, parece que están en otro planeta por completo.

• **Impaciencia:** Esta cúspide es impaciente. Quieren y esperan resultados rápidos en todos los aspectos de la vida.

• **Distanciamiento:** Los acuarianos son conocidos por su distanciamiento. Cuando este signo de aire se combina con el filosófico Piscis, el cociente de distanciamiento aumenta, así que no se sorprenda si los nacidos bajo esta cúspide parecen demasiado distantes.

• **Testarudez:** Es difícil imaginar que alguien que comparte los elementos agua y aire sea terco. Estos dos elementos son conocidos por ser de naturaleza libre, pero los individuos con estos signos tienen fuertes gustos y disgustos. Puede que no tengan muchos, pero siempre defenderán los que tienen.

- **Escapismo:** La activa imaginación de Acuario, unida al lado soñador de Piscis, puede dar lugar al escapismo. Estos individuos son propensos a escaparse a su mundo de fantasía o a su imaginación en lugar de enfrentar las realidades de la vida.

- **Litigioso:** ¿Recuerda la testarudez que se mencionó? Bueno, la testarudez se traduce esencialmente en opiniones e ideas fuertes. Si alguien no está de acuerdo con sus ideas y opiniones, prepárate para una discusión. El signo es increíblemente apasionado con sus puntos de vista y los defenderá con vehemencia.

- **Personalidad fría:** La combinación de los elementos aire y agua hace que esta cúspide del zodiaco parezca fría y distante. Todo esto suele ser la culminación de su inclinación a escapar de la realidad del mundo y su distanciamiento.

Rasgos peculiares

Esta cúspide puede ser bastante peculiar. Les encanta el lujo, por lo que pueden permanecer en el mundo real lo suficiente como para disfrutar de ello. Son muy amables, y eso a menudo les acarrea problemas, ya que se esfuerzan por complacer a todo el mundo. No les gusta defraudar a la gente y tienden a concertar muchas citas simultáneamente y al final no consiguen cumplirlas todas.

- No les gusta hablar de sus fracasos, pero pueden exagerar sus éxitos y logros.

- Aman la liberación y la libertad. Su ensoñación, combinada con su amor por la libertad, a menudo los lleva por el camino de la perspicacia y la espiritualidad.

- Tienen dotes creativas y pueden hacer un arte impresionante.

- La gente los ama y se siente atraída por ellos.

Si la situación es adecuada, pueden dedicarse a la religión, la ciencia y los viajes.

Fortalezas

- Esta combinación les permite tener mucha compasión y un carácter sorprendentemente visionario.

- Pueden convencer a las personas de que miren el mundo desde otro punto de vista.

- No están por encima de romper las reglas y pueden trabajar sin problemas. Esto los convierte en las personas más comprensivas.

Las personas nacidas en esta cúspide tienden a ocuparse de asuntos filosóficos y espirituales más que de cuestiones y tareas de la vida real. Prefieren ocuparse de sus fantasías en lugar de cumplir con los compromisos diarios del mundo real; por eso olvidan las citas, pierden cosas o llegan tarde. A menudo dejan plantada a la gente porque no se les puede molestar con las pruebas y tribulaciones de la vida real. El mejor consejo para estos individuos sería que se centraran en el mundo real más a menudo.

Capítulo 4: El niño Acuario

El signo del zodiaco le afecta a lo largo de su vida, incluida su infancia. Si es un acuariano que quiere revivir su infancia y adolescencia y analizar por qué se comportó de ciertas maneras en situaciones particulares, este capítulo es para usted. Este capítulo también está destinado a los padres o tutores de los niños acuarianos y contiene muchos consejos que pueden ayudarle a tratar con ellos de forma eficaz.

Al igual que los adultos, los niños acuarianos también tienen una mentalidad amplia y son curiosos. Son de espíritu libre y están destinados a crear problemas a sus padres.

Un niño nacido bajo este signo es como un paquete cargado. Están llenos de imaginación, resistencia, espontaneidad y terquedad. Son sensibles y se lastiman emocionalmente con facilidad. Sus rasgos son extremos y cambian con frecuencia, por lo que resulta difícil etiquetar a estos niños.

Algunos rasgos clave que comparten la mayoría de los niños acuarianos son:

- Son brillantes a la hora de tener ideas originales y únicas.
- Pueden ser difíciles de tratar, ya que son irritables y sensibles.

- Tienen mucha energía y resistencia.
- Tienen muchos amigos y son generalmente sociables.
- Su futuro es generalmente brillante.

Un niño acuariano puede tener un futuro brillante si se le permite utilizar y perfeccionar sus talentos naturales con cuidado. Depende de cómo los padres críen a estos niños, ya que esto forma la base del carácter de una persona. Los niños Acuario odian seguir órdenes, y usted se verá obligado a luchar contra su testarudez en tales situaciones. No podrá hacer nada y no conseguirá nada con ellos.

Al igual que sus homólogos adultos, los niños acuarianos son únicos y siguen sus propias reglas y decisiones. Tienen personalidades imprevisibles y tienden a tener muchos cambios de humor. Esto puede ser una situación bastante difícil para sus padres. La mejor manera de tratar con un niño Acuario es dejarle su espacio y su tiempo. No intente enseñarles u ordenarles de forma pedante o didáctica. Esto solo aumentará sus dificultades después de explicar su punto. La única manera de que estos niños aprendan es con paciencia y libertad. Acuario es un signo de "polos", es decir, está compuesto por extremos opuestos. Tiene que ser paciente si quiere llegar a ellos.

Los cambios de humor de los acuarianos adultos son habituales, pero son aún más graves en los niños y adolescentes debido a sus cuerpos y cerebros siempre cambiantes. Pueden estar tranquilos y pacíficos en un momento, y al momento siguiente, pueden volverse locos. Por lo general, son niños inteligentes, y a veces pueden ser superdotados. Tienen una capacidad de comprensión superior a la media y están llenos de racionalidad.

Son visionarios e idealistas y tratan de establecer y alcanzar metas fantásticas. Son amables y están llenos de empatía y compasión. Por eso los niños de Acuario suelen ser los más populares de un grupo social.

Son únicos y desean la originalidad, lo que les hace alejarse de los objetivos comunes y de la norma. Sus personalidades y objetivos siempre serán únicos en comparación con los de otras personas. Este deseo de singularidad se refleja también en la edad adulta y puede desempeñar un papel importante en sus carreras.

Los niños acuarianos son prácticos, pero nunca olvidan sus sueños. Puede que opten por ser prácticos durante un tiempo, pero seguramente volverán a su sueño e intentarán cumplirlo.

A los niños les encanta soñar despiertos, y los niños de Acuario no son diferentes. De hecho, los niños acuarianos sueñan despiertos más que otros niños. Esto puede resultar problemático, especialmente en la escuela. Los padres de los niños acuarianos a menudo tienen que hacer frente a las quejas sobre la falta de atención, pero estas quejas resultan inútiles en vista de sus buenas calificaciones y rendimiento.

Acuario está bendecido con el poder de la intuición. Los niños acuarianos muestran un don para la clarividencia o poderes similares. Suelen llegar a la solución o conclusión de un problema incluso antes de que se les plantee.

Su proceso de pensamiento es interesante y único, pero puede resultar agitado para ellos si se exceden. Incluso puede resultar insano y problemático.

Los padres de un niño de Acuario deben ayudarles a aprender a organizar su mente si quieren que se conviertan en adultos sanos. Los padres deben dejar que el genio de estos niños brille entre sus compañeros. También deben centrarse en su lado físico, ya que los niños pueden evitarlo por completo. Muchos niños de Acuario pueden rehuir la actividad física. Evite permitir esto.

Los niños de Acuario están en contacto con su entorno y están en sintonía con la naturaleza que les rodea.

Los niños de Acuario son sensibles, emocional e intelectualmente. Se ven afectados por factores externos con facilidad y son sensibles a las críticas y comentarios negativos. Las críticas negativas de cualquier persona pueden afectar gravemente a su equilibrio interior.

Los padres deben tener cuidado al hablar con los niños acuarianos, especialmente cuando traten de ayudarles. No permita que se sientan obligados de ninguna manera, especialmente cuando les ofrezca algún consejo, ya que se sentirán que están siendo tratados con inferioridad. Forzar a los niños acuarianos a hacer algo puede conducir a varios efectos negativos a largo plazo en estos niños.

Estos niños son socialmente eficientes y activos, pero tienen dificultades en su vida amorosa y en sus relaciones. Superan estas dificultades con el tiempo; basta con proporcionarles amplia ayuda y suficiente espacio y libertad para hacerlo.

A veces tienen visiones y objetivos poco realistas para el futuro. Si le preocupa que su hijo tenga una meta imposible, deje de preocuparse, ya que puede alcanzarla algún día gracias a su dedicación y pasión.

Bebé acuariano

Los padres pueden sorprenderse al ver el intelecto de su bebé acuariano. Los acuarianos comienzan a mostrar signos de gran inteligencia a una edad temprana, lo que puede parecer bastante notable para las personas que les rodean. Por desgracia, este alto intelecto suele ir acompañado de un mal genio y cambios de humor.

Son propensos a las rabietas y pueden pasar fácilmente de cero a cien en cuestión de segundos. Este comportamiento impulsivo puede ser difícil de manejar, sobre todo para los padres primerizos, pero tenga por seguro que la impulsividad disminuye considerablemente con el tiempo.

Son inteligentes y agudos, lo que hará que sus padres se sientan increíbles, pero también hará que los demás adultos que les rodean se queden boquiabiertos. Los niños acuarianos aprenden con rapidez y suelen tener éxito en la mayoría de las asignaturas. Son perspicaces, inteligentes y muy adaptables, lo que suele sorprender a otras personas. Estos rasgos hacen que los niños acuarianos sean especiales.

El mejor amigo y apoyo de un niño Acuario es su madre. Por lo general, una madre puede adaptarse y llevarse bien con un niño desafiante. Puede tolerar el intelecto siempre cambiante de su hijo y puede enseñarle de muchas maneras inusuales.

Es necesario desafiar y comprometer a un chico acuariano constantemente si quiere que alcance su máximo potencial.

La niña

Una niña acuariana suele estar muy interesada en socializar. Ella es el centro de gravedad en todas las interacciones sociales. Estará rodeada de nuevos y viejos amigos todo el tiempo, y seguirán llegando.

Tendrá muchos amigos diferentes a lo largo de los años, pero no todos se quedarán con ella para siempre. Irán y vendrán con frecuencia. Como padre, debes vigilar esto y comprobar con qué personas se relaciona.

Las niñas acuarianas tienden a tener un horario diario que mantienen religiosamente, gracias a su naturaleza dedicada. Tener un horario diario le permite mantener una sensación de estabilidad y control, algo que le gusta mucho.

Es una persona curiosa, y su curiosidad es su rasgo más dominante. Este rasgo sigue acompañándola también en su madurez. Preste atención a este rasgo, ya que podría explorar cosas inadecuadas a una edad temprana.

Los acuarianos han nacido para ser salvajes y libres, y una niña acuariana no es diferente. Le encanta la aventura, y seguramente se meterá en algo que amplíe sus horizontes en los campos que le gustan. Si le gusta algo, intentará crecer en ese campo.

Nunca le quite su libertad, ya que sería el peor castigo.

El niño

Un niño acuariano estará generalmente lleno de energía, resistencia y un espíritu de inmensa aventura. Por lo general, será hiperactivo, lo que le ayudará a alcanzar sus objetivos y a cumplir sus sueños.

La hiperactividad también puede conducir al caos, lo que puede convertirlo en un individuo agitado y "loco". Es necesario sofocar el fuego que lleva dentro. Tiene que aprender a controlarlo desde el principio. Puede hacerlo permitiéndole desarrollar un horario diario, lo que le dará una apariencia de orden y le ayudará a aprender a ser perseverante y paciente.

Los acuarianos son imprevisibles, y los niños acuarianos no son diferentes. Son imprevisibles; también tienen mucha energía, lo que dificulta las cosas a sus padres. Su intelecto se desarrolla a un ritmo rápido, lo que es directamente proporcional a su curiosidad por todo.

Son aventureros y pueden embarcarse en aventuras sorpresa de vez en cuando. Lo más probable es que no se lo cuenten a nadie, ni siquiera a sus padres. Como padre, es necesario vigilar de cerca a su hijo acuariano para que no se haga daño.

Su personalidad puede parecer única, extraña y totalmente ajena al mundo exterior. La mayoría de las veces, actúan incluso antes de pensar, ya que su mente cambia continuamente. Esto también refleja su naturaleza aventurera.

Su naturaleza aventurera les lleva a menudo a comportarse de forma desenfrenada. Se saltan el toque de queda muchas veces. Como padres, este comportamiento puede molestarles mucho, pero evite enfadarse. No lo hacen deliberadamente, sino que se olvidan de controlar el tiempo cuando se divierten.

Diferencias entre niños y niñas de Acuario

Hay muchas similitudes entre los niños y las niñas de Acuario, pero hay algunas diferencias clave que los padres deben recordar. Los niños Acuario son inteligentes, pero también son inconstantes y tienden a distraerse fácilmente. Hay que ayudarle de forma no didáctica a aprender a centrarse en sus objetivos. Esto lo mantendrá ocupado y dedicado. A menudo, muchos niños Acuario muestran síntomas de TDA o TDAH.

A las niñas Acuario les encanta socializar y se centrarán mucho en la vida social. Las citas y las relaciones pueden ser difíciles para una niña acuariana, ya que puede enamorarse perdidamente de alguien o ser totalmente distante.

Los niños en general

Los niños acuarianos están muy dotados para el juego en equipo. Les gustan mucho las competiciones y suelen ser feroces competidores en los deportes que requieren trabajo en equipo.

Están destinados a crecer y prosperar en la mayoría de las actividades. Disfrutan plenamente de la aventura y de las emociones de la vida. Suelen interesarse por la fantasía y lo sobrenatural, especialmente en los programas de animación, los libros y las películas.

Les encantará que les enseñes trucos científicos básicos o ilusiones mágicas. Suelen captar las cosas casi al instante y sorprenderán a todos los que les rodean con su dedicación y talento.

Su pasión es desbordante y tienden a olvidarse de todo mientras hacen las cosas que les gustan. A menudo se lesionan o se hacen moratones de los que no se dan cuenta, así que hay que vigilarlos de cerca.

Cosas que hay que saber sobre un niño acuariano

Si los bebés pudieran hablar, el bebé acuariano sería el más filósofo y profundo pensador de todos. Los acuarianos son pensadores profundos que pueden pasar horas pensando, y a menudo pensando demasiado. Es una expresión de su creatividad. Una vez que han cogido algunas palabras, balbucean continuamente sobre todo lo que les resulta curioso. Este es solo uno de los muchos rasgos que poseen los niños acuarianos. Aquí hay una pequeña lista de varios rasgos que se pueden encontrar en los niños Acuario.

Aprenden rápido

Los niños acuarianos son curiosos por naturaleza. Su curiosidad se desarrolla muy pronto y están dispuestos a aprender cosas nuevas. Indagan sobre todo lo que no entienden y tratan de llegar al núcleo de todo lo que encuentran frente a ellos. Desmontan las cosas para aprender cómo funcionan. Si alguna vez observa que sus hijos rompen o desmontan sus juguetes, no se preocupe; solo están cumpliendo su instinto natural. Recuerde que grandes científicos como Thomas Edison y Galileo también eran acuarianos.

Son empáticos

La empatía fluye naturalmente por las venas de los niños acuarianos. Aunque son aventureros y enérgicos, nunca tendrían que pasar horas explicando una situación a su hijo acuariano. Están dotados de una buena capacidad de escucha y comprenden mejor que nadie los sentimientos de los demás. Son lo suficientemente valientes como para mostrar sus emociones y su empatía. Si tiene miedo o está triste, su hijo acuariano lo entenderá inmediatamente e intentará ayudarle a superarlo. Siempre entenderán de algún modo lo que sienten los demás.

Son intrépidos

Los bebés acuarianos son aventureros e intrépidos. Aprenden rápido, pero también se aburren con facilidad y rapidez. Por lo general, buscan cosas emocionantes y nuevas constantemente. No les asusta probar cosas nuevas; buscan la novedad. Están abiertos a nuevos horizontes y les encanta explorar lo desconocido. Así es como hacen su vida más interesante y agradable.

Tienen arrebatos emocionales (de corta duración)

Los acuarianos nacen empáticos, pero esta empatía también los hace bastante emotivos. Cuando se enfrentan a desafíos, tienden a perder el equilibrio. Una vez que pierden este equilibrio, pueden tener importantes arrebatos emocionales. Estos arrebatos emocionales pueden ser aterradores, pero casi siempre son de corta duración. Su hijo volverá a la normalidad en poco tiempo. Este cambio puede sorprender a los nuevos padres, ya que no entenderán la razón última del arrebato, pero en la mayoría de los casos, su hijo le hará saber la razón por sí mismo después de algún tiempo.

Persona popular

A los acuarianos les encanta comunicarse y socializar con los demás, y los bebés acuarianos no son diferentes. Se les da muy bien establecer contactos; por eso tienden a hacerse amigos de la gente rápidamente. Siempre están ahí para ayudar a un amigo o a un familiar. También son amables con los extraños. Un niño acuariano será excepcionalmente extrovertido desde el principio. No se sorprenda si comienzan a sonreír o a hablar con la gente desde una edad temprana.

Los bebés Acuario están llenos de sorpresas

Los padres de los bebés Acuario suelen sorprenderse al ver los rasgos de sus bebés. Son empáticos, sociales, intrépidos y llenos de espíritu aventurero. Suelen reaccionar de forma inesperada y, por lo general, tienen respuestas descabelladas y extrañas para los problemas y sus acciones. Algunos les llaman despistados, mientras que otros les llaman dinámicos, pero, en definitiva, su cerebro funciona de una manera que nadie puede entender.

Son muy energéticos

La energía de un niño Acuario no tiene límites. Nunca se cansan de contemplar o pensar en un problema. Del mismo modo, no se cansan de escuchar a sus amigos parlotear constantemente sobre cosas al azar. Incluso después de hacer esto, seguirán teniendo la energía suficiente para practicar un deporte o terminar los deberes. Son rápidos, y la mayoría de la gente se queda atrás mientras ellos se adelantan.

Son testarudos

Los niños Acuario pueden ser bastante tercos, lo que puede causar muchos problemas a sus padres. No dejan que nada ni nadie les afecte, ya que ven el mundo desde un punto de vista positivo. Son aventureros y de espíritu libre, lo que significa que prefieren hacer las cosas por su cuenta. No les gusta ser controlados y les gusta ser libres todo el tiempo. Si quiere que su niño Acuario haga algo, intente inculcarle el sentido de la responsabilidad sin ser demasiado pedante o didáctico. Esto les ayudará a aprender lo que es bueno para ellos. Nunca ordene ni obligue a un niño Acuario a hacer algo; no lo hará, e incluso si lo hace, se sentirá alienado y comenzará a despreciarle.

También tienen un carácter fuerte

Los niños Acuario son testarudos, y su testarudez les hace tener una mentalidad muy fuerte y una gran fuerza de voluntad. Se centrarán en un objetivo con plena dedicación hasta conseguirlo. Este es uno de los rasgos más importantes de un bebé Acuario, ya que generalmente los impulsa. No dudarán en dar lo mejor de sí mismos y poner todo su empeño en conseguir lo que quieren.

Saben lo que les gusta y lo que no les gusta

Los bebés Acuario saben lo que les gusta y lo que no. No solo conocen sus gustos, sino que también se los toman en serio. Los acuarianos suelen ser bastante individualistas, y este rasgo también está presente en los niños. Es casi imposible persuadirlos de lo contrario una vez que se deciden.

Pasatiempos e intereses

Los niños Acuario se interesan por casi todo lo que pueden conseguir. Sus aficiones son variadas y muy distintas, a menudo rozando la exclusividad. Les encantan todos los juegos y pasatiempos que les permiten jugar con otras personas e interactuar con ellas. También les gustan las actividades que les ayudan a canalizar su creatividad y a aprender cosas nuevas. Desarrollan un interés por las cosas nuevas casi instantáneamente porque entienden que la actividad tiene cierto potencial de entretenimiento.

Una cosa que une a todos los niños acuarianos es la "diversión"; si una actividad les entretiene, les encantará, y si la actividad les aburre, se desharán de ella. Por eso tienen tantas aficiones e intereses diferentes. Los bebés y niños Acuario se aburren de las cosas con facilidad y pasan a otras nuevas rápidamente.

Hacer amigos

Para los niños acuarianos, hacer amigos no es un gran problema, ya que suelen tener buenas habilidades sociales y de comunicación. Son muy sociables y les gusta todo tipo de amigos. Se hacen amigos de casi cualquier persona, en cualquier lugar.

Rara vez se preocupan por los amigos que no son como ellos, o por los amigos que no se encuentran con ellos a menudo; aun así, intentarán ser amigos de ellos. Muchos acuarianos han hecho amigos para toda la vida en la escuela, pero esto no significa que no disfruten también de los amigos a corto plazo.

En la escuela

Acuario es un signo bendecido con un inmenso intelecto e inteligencia. Los niños Acuario también son bastante inteligentes, pero lo que les frena es su deseo de libertad y, a veces, su pereza.

Acuario es un signo muy trabajador, especialmente si a la persona le gusta lo que hace. Los niños acuarianos trabajan mucho, pero la mayoría de las veces no les gusta esforzarse en cosas que les aburren, incluidos los deberes. Sobresaldrán y sacarán las mejores notas en las asignaturas que les resulten interesantes, pero pueden llegar a suspender las clases que no les gusten o les resulten aburridas. A menudo, esto puede confundir a los padres y frustrarlos. Muchas veces, debido a la ignorancia, los niños acuarianos son etiquetados como apáticos o incluso tontos, pero este no es el caso. Estos niños entienden la materia de las clases que suspenden, pero simplemente no quieren esforzarse en estudiar para los exámenes o hacer los deberes de la asignatura.

Independencia

Los niños Acuario son extremadamente independientes. En cuanto aprenden a caminar, empiezan a alejarse de sus padres y de todos los demás para disfrutar de su libertad. Siempre quieren hacer algo por su cuenta o con sus buenos amigos y su círculo social cercano. Quieren a sus padres, pero prefieren disfrutar de las cosas por su cuenta. No les gusta depender de sus padres.

Cuanto más mayores sean, menos dependerán de sus padres. Prefieren unirse a clubes, organizaciones escolares, etc., y relacionarse con sus amigos. Aprenden a conducir desde muy pronto para poder desplazarse por su cuenta. Les gusta llevar su propia vida y no les gusta que los demás interfieran en ella.

Qué esperar cuando se cría a un niño Acuario

Espere lo inesperado con un Acuario

Espere siempre lo inesperado al criar a un niño acuariano. Su hijo le mantendrá siempre alerta. Están llenos de inteligencia, emociones y energía, y les encanta estar en movimiento todo el tiempo. Les gusta conocer gente nueva, visitar nuevos lugares, probar cosas nuevas, etc. En general, estarán ocupados y muy activos todo el tiempo. Son intrépidos y aventureros. Esté siempre preparado para algo nuevo y emocionante cuando críe a un niño de Acuario.

Son un poco despistados

Estos niños pueden ser bastante despistados. Muchos padres se quejan a menudo de que su hijo acuariano no los escucha. Sienten que los niños lo hacen a propósito, pero esto no es cierto. Los niños pueden oír a sus padres, pero simplemente lo olvidan, gracias a su despiste. Su cerebro se mueve a tal ritmo que olvidan las cosas con frecuencia.

Puede que se sienta ignorado al tratar con un Acuario, pero la mayoría de las veces, su despiste no es deliberado. Simplemente es demasiado difícil para el niño mantener el control de sus pensamientos todo el tiempo.

Los acuarianos son enfocados

Los chicos acuarianos son dedicados, enfocados y a menudo testarudos. No se rinden hasta que consiguen maniobrar según su deseo. Esta testarudez a menudo puede jugar en su contra; como padre, trate de controlarla sutilmente. A veces, déjeles ser testarudos, ya que la experiencia les ayudará a aprender una lección por sí mismos, que los acompañará para siempre.

Emociones de montaña rusa

Acuario es un signo lleno de contradicciones, y los niños Acuario no son diferentes. En un momento pueden estar contentos, relajados y despreocupados, pero al momento siguiente pueden volverse locos y entrar en una fuerte espiral. Esto es normal, ya que muchas cosas pueden desencadenar sus emociones. Todo el mundo odia estar expuesto a lo inesperado, pero los acuarianos tienden a llevar las cosas al siguiente nivel. Tienen reacciones extremas. La mayoría de estas emociones desaparecen rápidamente.

Los acuarianos son empáticos

Si alguna vez se siente fuera de su elemento o se siente deprimido y necesita palabras amables o un abrazo, su niño acuariano siempre estará ahí para usted. Siempre serán los primeros en comprender lo que está pasando y en tratar de ayudarle. Poseen la capacidad casi insólita de adivinar cómo se sienten los demás sin necesidad de que se lo digan explícitamente. Por eso se aconseja a los padres de los niños acuarianos que controlen sus métodos disciplinarios, ya que es probable que sus niños ya sepan lo molesto o enfadado que está. Utilice palabras suaves para hacerles entender que sus decisiones fueron problemáticas y que deben aprender a hacerlas mejor en el futuro.

Acuario ama a la gente

Los niños Acuario son muy sociables porque son cálidos, encantadores, amistosos y atractivos. Les encantan todas las formas de atención positiva y les gusta conocer a la gente que les rodea. Puedes ver lo social que será su niño desde una edad temprana. Los bebés comienzan a sonreír a la gente al azar todo el tiempo desde una edad temprana.

Aprendizaje rápido

Los niños acuarianos son inteligentes y rápidos, lo que puede ser una bendición y una maldición para los padres. Los niños pueden entender muchas cosas desde el principio. No solo son inteligentes en cuanto a los libros, sino que la mayoría de ellos también son socialmente inteligentes. Por lo general, son los favoritos de los profesores (si encuentran el tema interesante). Su niño acuariano necesita sentirse desafiado todo el tiempo; de lo contrario, puede volverse perezoso y dejar de interesarse.

Idiosincrásico

Nadie puede entender a un acuariano, ni siquiera sus propios padres. Siempre marcharán al ritmo de sus propios tambores y siempre harán las cosas que creen que son las mejores. Puede ser difícil entender el motivo detrás de lo que hacen, por lo que es necesario mantener la comunicación abierta todo el tiempo. Siempre estarán llenos de sorpresas y a veces de sobresaltos. Espere siempre un viaje agradable, salvaje y gratificante mientras cría a un niño Acuario.

Consejos y trucos

Juguetes para niños acuarianos

Aunque a los niños acuarianos les encantará jugar con casi cualquier cosa que tenga en sus manos, hay ciertos juguetes que disfrutarán mucho más que otros objetos. Entre ellos se encuentran las alas de hadas, los instrumentos musicales, los disfraces, las cajas, etc.

Todos estos juguetes pueden ayudar a su niño acuariano a pensar e imaginar ideas nuevas y emocionantes. A los acuarianos les encanta crear sus propios juegos, y estos objetos les servirán de apoyo para sus juegos.

Actividades para niños acuarianos

Los niños acuarianos están llenos de inteligencia, imaginación y pasión. Disfrutan de una gran variedad de actividades que aprovechan su creatividad y su pensamiento. Estas actividades incluyen la creación de arte y la lectura de libros. A los niños Acuario les encanta socializar y jugar con sus amigos en los patios de recreo.

A los niños Acuario les encanta socializar, pero también disfrutan de la paz de la soledad. Por eso, los padres deben tratar de proporcionar a los niños mucho tiempo para recargarse. Esto incluye tiempo a solas, jugando por sí mismos, y permitiendo que su imaginación se apodere del mundo cuando los adultos están fuera del alcance del oído. Estas actividades ayudarán al niño Acuario a crecer y desarrollarse. Estas son algunas actividades que ayudarán a su niño acuariano a disfrutar de su vida y a crecer.

Lectura

Los niños Acuario son artísticos, inteligentes e imaginativos, por lo que no es de extrañar que les fascinen las historias y los cuentos. Por lo general, disfrutan de las historias con niños de diversas partes del mundo, las fábulas y las fantasías. A los acuarianos les gusta identificar las diferencias y similitudes entre sus experiencias y las de otras personas. Les gusta imaginar que viven en países y mundos diferentes y pensar en experiencias que difieren de las suyas. Algunos libros que les encantarán son:

- Alicia en el País de las Maravillas de Lewis Carol
- Soñadores, de Yuvi Morales
- Jumanji, de Chris van Allsburg

Todo sobre el adolescente Acuario

Los adolescentes Acuario, al igual que los niños y adultos acuarianos, son únicos, independientes y extraordinarios. También están llenos de hormonas y, por tanto, pueden volver locos a los padres de una forma nueva cada día. No pretenden molestar a los padres deliberadamente, pero a menudo se enfadan con las personas que no suelen estar a la altura de su potencial. A menudo pueden malinterpretar las situaciones, a veces sin entender bien los matices. Por ejemplo, si usted vuelve de la oficina después de un día bastante ajetreado y se queja de su oficina, pueden pensar que no está a gusto en el trabajo y que se está vendiendo. Es posible que ni siquiera se fijen en todas las razones positivas por las que está haciendo el trabajo, entre las que obviamente se encuentra el sueldo.

Los individuos Acuario son inteligentes, pero tienden a ver el mundo desde una perspectiva en blanco y negro cuando son adolescentes. Es necesario recordarles de vez en cuando que el mundo no es blanco y negro, sino que la mayor parte es gris. Los acuarianos son bien conocidos por su idealismo, así que no se encoge de hombros por completo; en su lugar, intente presentarles las oportunidades que pueden ayudarles a cambiarse a sí mismos y al mundo que les rodea. Concédales amplias oportunidades en las que puedan ofrecerse como voluntarios para marcar la diferencia en el mundo. Disfrutarán provocando un cambio en el mundo.

Los niños y adolescentes acuarianos tienen un fuerte sentido de la justicia social y creen que el mundo puede cambiar para bien. No les gusta que les hablen mal. Si les demuestran su respeto, ellos les devolverán el respeto.

Los adolescentes Acuario suelen tener muchos amigos, al igual que sus homólogos adultos. Son inteligentes y únicos, pero necesitan tener algunas estructuras y reglas. No haga las reglas y se las imponga; los adolescentes acuarianos nunca seguirán las reglas que se les impongan. Esto solo conducirá a la frustración de todos los implicados y puede deteriorar la relación entre ustedes. En su lugar, permítales colaborar en la elaboración de reglas y en el establecimiento de directrices. Estas directrices y reglas deben tener sentido para ellos y deben sentir que han aportado mucho en ellas. Es más probable que sigan esas reglas sin sentirse enfadados o frustrados. Recuerde que los acuarianos son seres autónomos y únicos; cuanto más respete su autonomía, más le respetarán a usted.

Los gustos de los adolescentes Acuario

Los adolescentes Acuario suelen ser polímatas, y les gusta una gran variedad de cosas y campos. Algunos de los campos más apreciados incluyen:

Aprender

Un adolescente acuariano siempre disfrutará aprendiendo cosas y experiencias nuevas; sin embargo, puede que no se sientan cómodos con la rigidez de la escuela. Les gusta aprender en su propio tiempo y acuerdo. Les gusta leer libros, disfrutan haciendo conexiones y les apasiona averiguar cosas nuevas y descubrir nuevas ideas.

Música

A todos los adolescentes les gusta la música, pero a los de Acuario les gusta con una pasión sincera. Para ellos, la música es la vida. Creen que las canciones y las piezas musicales pueden representarlos de una manera mucho mejor y pueden retratar cómo se sienten con precisión.

Independencia y autonomía

Para un adolescente Acuario, su autonomía e independencia son los objetos más cruciales. Cuando comienzan a aprender que son diferentes a sus padres y que pueden hacer elecciones de vida diferentes y disfrutar de cosas diferentes, les proporciona una experiencia casi surrealista. Permita que los adolescentes experimenten todo lo que quieran; fomente ese comportamiento. Permítales crecer y deje que encuentren su propio camino con plena pasión.

Lo que le desagrada a un adolescente Acuario

Reglas y falta de independencia

Un adolescente acuariano aborrece la falta de independencia. Le despreciarán si utiliza frases como "Porque esta es mi casa" o "Porque lo digo yo". Nunca seguirán una regla que se les imponga. Si quiere que sigan las normas, permítales colaborar en el proceso.

Grupitos

A los acuarianos les encanta hacer muchos amigos, pero al final son lobos solitarios. No les gusta que se le asocie a un grupo concreto y les gusta disfrutar de su libertad e independencia. En lugar de alinearse con un solo grupo, prefieren flotar entre diferentes personas y grupitos. Esto hace que sean populares con casi todo el mundo.

Privacidad

Los adolescentes acuarianos tienden a ser desordenados (todos los adolescentes lo son), pero nunca invada la privacidad de un acuariano, o lo odiará para siempre. Entrar en el espacio privado de un acuariano es una invasión de su privacidad. Lo encontrarán frustrante y molesto. Pida siempre su permiso si quiere entrar en su vida o espacio privado. Respete sus límites.

Capítulo 5: Acuario y la amistad

Los acuarianos son extrovertidos y están dispuestos a hacer amigos. Les encanta la aventura y siempre quieren probar algo nuevo con sus amigos. El círculo social de un acuariano está lleno de gente que ama su lealtad y encanto. La mayoría de la gente se siente atraída por ellos, ya que desprenden un sentimiento de compatibilidad. A veces, la gente puede preguntarse si un acuariano está interesado en ellos o se preocupa por ellos, ya que los acuarianos pueden parecer desinteresados y distantes.

Los acuarianos como amigos

El signo del Zodiaco Acuario es el undécimo signo del Zodiaco, y es un signo que se encuentra en la zona natural de la actividad social y la amistad. A los acuarianos les resulta fácil hacer nuevos amigos, y son amigos ideales. Se les da bien conversar con cualquiera que esté a su alrededor, pero solo tienen unos pocos amigos cercanos a su corazón. Los acuarianos son personas sorprendentes, pero tienen muchas características positivas que la gente desea tener en sus compañeros o amigos.

Los acuarianos son leales

Si tiene un acuariano como amigo, ya sabe lo afortunado que es porque son los amigos más leales. Un acuariano es muy solidario y se asegura de que se esfuerce por alcanzar sus objetivos. Si un acuariano sabe lo apasionado que es usted por alcanzar sus objetivos, entonces hará todo lo que esté en su mano para ayudarle a conseguirlos. Nunca tienen celos de la gente que les rodea. Los acuarianos son buenos para animar a la gente si está teniendo un mal día.

Les gusta entablar conversación

A un acuariano se le da muy bien conversar con la gente que le rodea. Si conoce a un acuariano en una fiesta, es posible que hable con él durante horas y que nunca sepa por qué empezó. Los acuarianos tienen las cosas más interesantes que decir a la gente que les rodea. También hacen las preguntas adecuadas porque quieren aprender más sobre la gente. Algunos pueden encontrar a los acuarianos prepotentes, y algunos acuarianos no escuchan ni lo animan. Hay otros que pueden no querer ayudar a las personas que les rodean. Los acuarianos pueden querer tomar el asunto en sus propias manos, independientemente de que alguien les haya pedido ayuda. Lo que no entienden es que no todo el mundo puede querer esta ayuda.

Le gusta la diversión

Como a los acuarianos les gusta la aventura, suelen ser imprevisibles. Puede que piense que sabe lo que quiere o ama un acuariano, pero entonces puede decir o hacer algo que le sorprenda. Pueden parecer un poco locos debido a su espontaneidad, y les encanta hacer cualquier cosa emocionante, aventurera e interesante.

Idealistas y rebeldes

Los acuarianos no son tradicionalistas y odian seguir las convenciones. No aceptan ninguna situación ni explicación a ciegas. Siempre buscan agujeros en el sistema y no son personas prepotentes, a diferencia de Aries y de Leo. Su mantra es vivir y dejar vivir. Los acuarianos son excepcionalmente amables, y esta característica atrae a la gente hacia ellos. Tienen creencias humanitarias y se preocupan por el bienestar de las personas. Rara vez se involucran demasiado en las relaciones, ya que no quieren perder su libertad o independencia.

Poco convencional

Los acuarianos son poco convencionales y espíritus libres. Sus hábitos y actitudes los convierten en las personas más excéntricas. Son conocidos por pensar fuera de la caja y buscar constantemente algo nuevo que hacer en la vida. Odian aburrirse. La combinación de su amabilidad, amor y pensamientos originales les convierte en los mejores líderes. Su espíritu libre es tan contagioso como su positividad. Si odia la rutina y quiere darle sabor a su vida, necesita encontrar un amigo acuariano.

Acuario y la amistad

Acuario y Aries

Un acuariano puede comunicarse fácilmente con un Aries. Los Aries son individuos impulsivos, y esto juega a favor de un acuariano ya que a este le encanta la aventura. Un acuariano y un Aries pueden embarcarse juntos en largas aventuras, especialmente en aquellas que implican actividades peligrosas como el salto en bungee, el buceo en acantilados, el paravelismo, etc. Un acuariano puede cansarse de un Aries porque este se pone por encima de los demás. Cuando pasan tiempo alejados el uno del otro, comprenden lo mucho que se necesitan.

Acuario y Tauro

Un acuariano admira a un taurino porque este último es leal por encima de todo. Los taurinos son tan fieles como pueden serlo. Un acuariano y un taurino son devotos de sus amigos y seres queridos, y harán todo lo posible por mantener una relación. Un acuariano y un taurino permanecerán juntos en las buenas y en las malas. Mientras que a los acuarianos les gustan las multitudes y el ruido, los taurinos son materialistas. Se divierten mucho cuando pasan tiempo juntos, especialmente cuando son los únicos. Los dos pueden disfrutar de actividades como el senderismo y el remo.

Acuario y Géminis

Un geminiano y un acuariano se relacionan bien porque los Géminis son amigos satisfactorios, alentadores y estimulantes. Estas cualidades hacen que sea fácil para un acuariano motivar a un Géminis a probar diferentes actividades. Como los dos son siempre curiosos y enérgicos, probarán cualquier cosa nueva. Los Géminis tienen un gran círculo de amigos, pero solo están cerca de algunas personas, y un acuariano es una de ellas. Esto se debe a que un acuariano puede alimentar el entusiasmo de un Géminis por probar algo nuevo. Como un acuariano espera que la gente llegue a tiempo, un géminis puede necesitar trabajar en esto para mantener su amistad.

Acuario y Cáncer

Un acuariano puede tener dificultades para entender a su amigo Cáncer. Un acuariano disfruta de los desafíos, por lo que puede hacer todo lo posible para mantener su amistad con un Cáncer. Dado que tanto los acuarianos como los cánceres tienen deseos y necesidades diferentes, es difícil que ambos mantengan una relación. A los cánceres les gusta la atención, pero los acuarianos quieren ser estimulados intelectualmente. Como los cánceres tienen sentido del humor, pueden influir en el afecto de los acuarianos. Si los cánceres pueden controlar su necesidad de ser amados, podrán tener una relación estable con los acuarianos; de lo contrario, la relación dejará de existir pronto.

Acuario y Leo

Es difícil que a la gente no le gusten los Leo, pero un acuariano es todo lo contrario a un Leo. Dado que los acuarianos prefieren descansar y relajarse, rara vez se ven cara a cara con un Leo, con una actitud más grande que la habitual. Sin embargo, un acuariano en presencia de un Leo es más entusiasta que nunca. Los acuarianos son excelentes para mantener a los Leo bajo control. Dado que ambos signos disfrutan de la actividad, les pueden encantar los paseos enérgicos por el parque o una sesión de ejercicios en el gimnasio. También pueden divertirse cuando van a espectáculos de ópera y de rock. Sin embargo, los Leo y acuarianos deben trabajar juntos para mantener su relación.

Acuario y Virgo

Los acuarianos se sienten atraídos por los Virgo, ya que estos últimos son personas perspicaces e inteligentes que pueden estimular intelectualmente a un acuariano. Los Virgos son muy particulares en algunas cosas de la vida y pueden ser quisquillosos ocasionalmente, especialmente en cosas que no le importan a un acuariano. Los Virgos son personas a las que les encanta planchar su ropa, peinarse con frecuencia y lavarse las manos hasta dejarlas impecables. Un acuariano puede incluso no ser capaz de encontrar un par de calcetines en su armario. Si un acuariano y un virgo pueden pasar por alto estas características, pueden tener una amistad duradera.

Acuario y Libra

Los acuarianos y los librianos se sienten atraídos por naturaleza, y la relación entre ellos es sorprendente. Como a ambos les gustan las multitudes y las reuniones sociales, suelen encontrarse en las fiestas. Discuten sobre nuevas ideas, las noticias y otras tendencias y pronto desarrollan una amistad. A los librianos les impresiona la comprensión de un acuariano sobre cualquier tema. Como un acuariano presta toda su atención a cualquier persona con la que hable, a un libra le resulta fácil hablar con él. Un Libra es consciente de su apariencia, y esto puede poner de los nervios a un acuariano. Si un acuariano puede pasar por alto estas características, la amistad entre un libra y un acuariano puede durar toda la vida.

Acuario y Escorpio

Un Acuario y un Escorpio pueden no llevarse bien. Hay mucha tensión en esta relación, y es la razón por la que a la mayoría de los acuarianos y escorpianos no les gusta estar el uno con el otro. Los acuarianos nunca saben lo que sus amigos escorpianos están pensando. Se preguntan constantemente sobre sus sentimientos y motivos, lo que suele ser un cambio refrescante para ellos. A los escorpianos también les gusta pasar tiempo con los acuarianos, ya que no pueden descifrarlos. Cada uno trata de descifrar al otro como si fuera un rompecabezas. Tanto los acuarianos como los escorpianos son testarudos, y esto puede dar lugar a discusiones y problemas. Sin embargo, es fácil para ellos mantener su amistad si se dan una oportunidad.

Acuario y Sagitario

A los acuarianos les encanta salir con los sagitarianos. Son las mejores personas de todo el mundo, según los acuarianos. Los sagitarianos tienen una mente abierta, un corazón aventurero y un espíritu libre, y les encanta pasar tiempo con los acuarianos por sus creencias humanitarias y su espíritu aventurero. Dado que tanto los acuarianos como los sagitarianos son animales sociales, es posible que se conozcan a menudo en una fiesta. Probablemente sean los últimos en abandonar la fiesta. Les encanta practicar deportes que requieran rapidez de reflejos. A veces, un acuariano puede encontrar molesta la honestidad de un sagitariano, mientras que un sagitariano puede encontrar molesta la incapacidad de un acuariano para notar los cambios. Sin embargo, los dos pueden trabajar juntos y tener una fuerte amistad si se entienden.

Acuario y Capricornio

Los acuarianos aman los experimentos, y pueden desarrollar una relación con un capricorniano como un experimento. Mientras que los acuarianos aman las cosas nuevas y experimentan con muchas cosas en la vida, los capricornianos prefieren las viejas costumbres. Los acuarianos aman el cambio y odian las rutinas, a diferencia de los capricornianos. Los acuarianos pueden pensar que los capricornianos les están arruinando la vida, pero entonces estos últimos pueden hacer algo que les ayude a recordar por qué les tiene cariño. Los capricornianos siempre aportan algo de consistencia a la vida de un acuariano, mientras que un acuariano aporta algo de vida y emoción a la vida de un capricorniano.

Acuario y Acuario

Los acuarianos son compatibles entre sí, y la mayoría de los acuarianos se sienten normales cuando están cerca de otros acuarianos. Son tan normales como pueden ser alrededor de los acuarianos. Como a otro acuariano no le parece extraño el amor por los chocolates o las sardinas, suelen estar contentos y tranquilos. La amistad entre dos acuarianos nunca es aburrida porque ambos son aventureros. Nunca se cansan de discutir cualquier tema y pueden inscribirse para trabajar en causas benéficas.

Acuario y Piscis

Un acuariano y un pisciano pueden llevarse bien fácilmente ya que ambos tienen los mismos instintos humanitarios. Si un acuariano y un pisciano se juntan, defenderán al desvalido del grupo. Los acuarianos y los piscianos pueden coincidir a menudo en un mitin o en una recaudación de fondos. Se sienten atraídos por temas como la numerología, el tarot y la astrología. Los acuarianos se sienten atraídos por los piscianos, que comprenden estos temas. También son musicales y pueden disfrutar compartiendo música u obras de teatro juntos.

Acuarianos en una fiesta

Los acuarianos son mundanos y les encanta hablar con la gente. Disfrutan de las conversaciones intelectuales y a menudo hacen gala de su intelecto. A los acuarianos les gustan los grupos pequeños en los que pueden mostrar sus habilidades. Disfrutan de los debates y discuten sobre diversos temas. A los acuarianos también les gusta salir solos. Pueden ir a una cata de licores o vinos, a una conferencia, a una cena elegante o incluso a un concierto. Solo quieren un lugar donde puedan expresar sus opiniones. Pueden discutir sus opiniones incluso con completos desconocidos.

Estilo de amistad

Como a los acuarianos les encanta estar rodeados de gente, siempre están abiertos a conocer gente nueva. Quieren escuchar sus historias. Un acuariano nunca se siente fuera de lugar, aunque se encuentre en un grupo de gente nueva. Como saben escuchar y siempre hacen las preguntas adecuadas, siempre pueden sacar a la gente de sus casillas. La gente puede contarles a los acuarianos cosas que no le han contado a nadie antes. Sin embargo, los acuarianos son muy reservados. Nunca dicen a la gente lo que están pensando o cómo se sienten, pero puede parecer que han dicho a la gente todo lo que necesitan saber.

A los acuarianos les gustan los grupos grandes, pero tardan en encontrar amigos íntimos. Tardan en confiar en alguien. Se toman las amistades muy en serio, y si se sienten decepcionados, se lo tomarán a mal. No se toman demasiado mal si se olvida de quedar con ellos para tomar un café, pero le llevará más tiempo formar parte de su círculo. Dado que los acuarianos siempre ven las mejores cualidades en las personas, a menudo se sienten frustrados cuando la gente no puede ver esas características en ellos mismos.

Los acuarianos suelen sentirse animadores porque les gusta ser mentores de la gente. Sin embargo, desearían que hubiera alguien en su vida que les sirviera de mentor. A los Acuario les encanta divertirse y siempre están dispuestos a vivir una aventura.

¿Quién es el mejor amigo para un acuariano?

Como tanto Acuario como Libra son signos de aire, les encantan los eventos culturales, pasar horas debatiendo ideas, ir a conciertos de rock y otras actividades divertidas. Los librianos son más diplomáticos en comparación con otras personas, y un acuariano sabe cómo llamar la atención. Pueden hacer que los librianos se mantengan firmes y sean menos diplomáticos. Los librianos saben cómo romper las barreras de un acuariano con facilidad y ayudarles a confiar más en la gente. Los dos signos no tienen una amistad basada en las palabras, y son felices estando juntos incluso en silencio. Dado que tanto los acuarianos como los librianos no guardan rencor, es fácil estar con ellos. Entienden que cada uno necesita su espacio y que ya tienen suficiente con sus vidas. Pueden retomar la conversación exactamente donde la dejaron, aunque no se hablen durante días o semanas. Los acuarianos y los librianos no son conocidos por su humor, pero pueden reírse durante horas juntos.

Cómo hacerse amigo de un acuariano

A los acuarianos les encantan las reuniones sociales y son extrovertidos. La gente les rodea a menudo, y es fácil que la gente quede encantada por las características de un acuariano. Para ser amigo de un acuariano durante mucho tiempo, necesita quedarse con él. Estar ahí en los buenos y malos momentos. A los acuarianos les encanta la constancia, y cuando le vea en el mismo sitio repetidamente, intente romper las barreras. Puede tener una amistad casual con los acuarianos, ya que son agradables. Si les hace reír, le apreciarán más. Si quiere una amistad más profunda, necesita rascar por debajo de la superficie.

Cómo seguir siendo amigo de los acuarianos

Sea siempre la mejor versión de sí mismo para ser amigo de un acuariano. Los acuarianos no tienen tiempo para las personas que no están contentas con su vida. Suelen perdonar a las personas que se olvidan de responder u olvidan sus cumpleaños, pero nunca les gusta la gente que es mala o miente. Las palabras hirientes y los chismes, ya sean dirigidos a los acuarianos o a otros, no impresionan a un acuariano.

Consejos para ser amigo de los acuarianos

En esta sección, veremos diez consejos que le ayudarán a ser amigo de los acuarianos.

Sea siempre genuino

Como los acuarianos son personas serias, sinceras y reflexivas, huirán de usted si no es sincero. No pueden responder a los halagos poco sinceros, y siempre saben quién está siendo honesto y quién no. Si conoce a un Acuario, entonces debe felicitarlo por sus rasgos encomiables. Esto siempre tendrá un efecto más fuerte en los acuarianos, ya que saben que usted realmente se preocupa por ellos. Al hacer regalos, nunca debe agasajar a un Acuario con artículos llamativos o costosos.

Conózcalos

No hay que precipitarse a la hora de conocer a los acuarianos. Siempre tienen la guardia alta, por lo que se necesita un tiempo para aprender más acerca de un acuariano. Necesita darle a un acuariano el tiempo necesario para que lo entienda y se sienta seguro a su alrededor. Solo cuando esto ocurra, se abrirá lentamente a usted. Como los acuarianos son juguetones y les encanta la aventura, bromearán con usted.

Filantropía

Los acuarianos pueden parecer a veces distantes y fríos porque no les gusta abrirse con facilidad. Sin embargo, se apegan rápidamente a los desconocidos y comprenden sus preocupaciones. También harán todo lo que esté en su mano para ayudarles. Acuario puede tener un millón de problemas en la cabeza, pero ayudará a alguien que lo necesite. Siempre les darán su hombro para llorar. Para hacerse amigo de un acuariano, hay que ser filántropo.

Aprenda a debatir

Como los acuarianos tienen una voluntad fuerte, harán lo que sea necesario para que algo salga adelante si creen en ello. Lo harán incluso si la gente tiene una perspectiva diferente. Esto no significa que sean discutidores o testarudos, sino que es solo porque les apasiona lo que creen. Si quiere que un acuariano vea su lado de la historia, utilice una combinación de fuentes y hechos. Es posible que le pida disculpas por no ver las cosas como usted las ve.

Nunca mienta

Los acuarianos siempre quieren la verdad, y pueden detectar a los mentirosos al instante. Si perciben que les está mintiendo, ya no querrán estar cerca de usted. Son así por su lealtad. Tienen una moral fuerte y esperan que sus amigos tengan la misma moral. Nunca podrá tener una segunda oportunidad con un acuariano si es deshonesto con ellos. Si no puede reunirse con su amigo para tomar un café, dígale por qué y tenga las pruebas necesarias para ello.

Ingenio rápido

Los acuarianos son encantadores, inteligentes, ingeniosos y sarcásticos. Si no puede entretenerlos o conversar con ellos durante horas, o hablar de asuntos mundanos, entonces no podrá mantener su atención. También necesita tolerar su sarcasmo y saber cuándo le están tomando el pelo. Si consigue hacerlo, querrán estar a su lado.

Aprenda a amar sus puntos de vista

Como la mayoría de los acuarianos se encuentran en una crisis existencial, es importante que apoyes sus puntos de vista. Son filósofos, y a menudo quieren paz y armonía en sus vidas. Cuando escuchan una tragedia o recuerdan algo que les ocurrió, se cuestionan todo lo relacionado con sus vidas. La mayoría de la gente puede encontrar esto infantil, pero para hacerse amigo de un acuariano, es necesario confiar en ellos y en sus ideales. Si lo hace, le querrán, sin cesar.

Confíe en ellos

A los acuarianos nunca les gusta sentirse atrapados, y si intenta controlarlos, huirán de usted. Para ganarse a un acuariano hay que tener seguridad. Si cuestiona todo lo que hace o dice, se alejará. Como los acuarianos tienen moral y son leales, no harán nada para romper su confianza. Así que aprenda a confiar en ellos.

Nunca se dé por vencido

Los acuarianos tardan mucho en bajar la guardia. Tienen miedo de dejar que las personas que les rodean sepan cómo se sienten o por lo que están pasando. Cuando esto ocurra, se alegrará de tenerlos como amigos. Los acuarianos odian precipitarse en las relaciones, pero se quedarán con usted para siempre si se esfuerza. Sin embargo, temen el compromiso, pero si los quiere, luche por su amistad. Deje que se sientan seguros.

Prepárese para una amistad a largo plazo

Cuando se gana a un Acuario, significa que ha bajado la guardia. Esto significa que nunca tendrá que dudar de su dedicación a su amistad. Los acuarianos son espontáneos y le demostrarán su amor con regalos sentimentales. Siempre piensan en lo que pueden hacer como regalo. Le levantan el ánimo y le animan a seguir sus pasiones y sueños. Como los acuarianos son verbales, le recordarán su valor. Una vez que desarrolla un vínculo con un acuariano, este nunca se romperá. Si no se rompe su confianza, nunca se romperá la suya. Por lo tanto, manténgase a su lado y confíe en ellos. Esté ahí para levantar su ánimo porque siempre lo hacen por todos. Sea su mentor y su amigo. Nunca los perderá.

Capítulo 6: Acuario en el amor

Veamos la compatibilidad amorosa de Acuario con otros signos del Zodiaco:

Acuario y Aries

Las relaciones sexuales entre Acuario y Aries pueden ser excitantes o estresantes. Estos dos signos se llevan bien y se apoyan mutuamente. Ambos signos pueden seguirse con mucha energía. Sin embargo, podría haber una falta de emoción con la intimidad o las relaciones sexuales entre los dos. Aries es un signo de mucha pasión y emociones cálidas. Su relación con Acuario tiene la posibilidad de sacar lo peor de su naturaleza. Destacará que el frío y poco emocional Marte rige a Aries.

Aunque esto puede hacer que sus relaciones sean más emocionantes, no logrará la plenitud de ninguno de los dos, ya que ambos necesitan sentirse amados. Hay demasiada energía y masculinidad en esta relación, y esto podría causar turbulencias. Es fácil entender sus roles, ya que Acuario tiene ideas locas y amplía los horizontes de su pareja, mientras que Aries tiene mucho aguante y desprende energía. Al principio de la relación, las cosas pueden ser muy divertidas para ellos. Sin embargo, con el tiempo se vuelven pesadas y no hay suficientes ideas locas para llenar el vacío de las emociones.

Aries da mucha importancia a la confianza, y es fácil que Acuario lo comprenda. Aunque esto no significa que Acuario vaya a ser fiel a su pareja, podría plantear la opción de una relación abierta y ser honesto sobre cualquier indiscreción con Aries. Sin embargo, esta no es una opción para Aries, que está regido por Marte y quiere ser el centro del mundo de su pareja. Este tipo de relación solo hará que Aries se vuelva posesivo y se enfade al obsesionarse con cada movimiento de Acuario. Aparte de la fidelidad, la confianza no es un problema para esta pareja. Ambos no ven la necesidad de mentir, ya que la verdad puede ser mucho más interesante y fácil de tratar. Ambos signos no sienten la necesidad de evitar el conflicto y les gusta decir lo que piensan. Saben que cualquier discusión o conflicto puede llevarse a cabo de forma constructiva para que les ayude a entender mejor a su pareja y haga más fuerte su relación.

Las conversaciones entre Aries y Acuario pueden ser tan interesantes que la mayoría de la gente querría participar en ellas. Acuario es consciente de que Aries suele ser serio y tiene unos límites que deben ser respetados. A su vez, les gusta hacer reír a su pareja de Aries y soltarse más. Para Aries, este tipo de pareja de mente abierta y en constante cambio es inimaginable a veces. Por eso, a menudo acaban idolatrando a Acuario y les encanta entablar cualquier diálogo con ellos. Para Acuario, es un gran estímulo para su ego. Como ambos signos son fuertes por naturaleza y muy enérgicos, podrían acabar peleando constantemente. Sin embargo, también superarán esas peleas y se apreciarán mutuamente al final del día.

Acuario y Tauro

Tauro es un signo de naturaleza lenta y tierna, que encuentra molesto el carácter inusual y cambiante de Acuario. Estos dos signos rara vez se atraen y se encuentran locos o aburridos. Sin embargo, si tienen una mentalidad más abierta a las relaciones sexuales inusuales, pueden ayudarse mutuamente a crecer mucho. La naturaleza tierna podría ayudar al distante e independiente Acuario a motivarse más y ser más creativo. Esto, a su vez, podría ayudar a Tauro a ser mucho más productivo. Si estos signos son lo suficientemente respetuosos el uno con el otro y comparten sus emociones, podrían tener una gran vida sexual. Pero rara vez se llega tan lejos, ya que estos signos buscan cosas muy diferentes en sus relaciones. A Acuario le gusta estar libre de cualquier atadura mientras que Tauro busca un vínculo inquebrantable y seguro. Puede ser difícil para ambas partes encontrar un punto de encuentro.

Acuario suele estresar a Tauro, y esto tiende a impedirle ser honesto y sincero con su pareja. A Acuario le resulta difícil entender el miedo que tiene Tauro a no ser lo suficientemente bueno. Acuario no se entrega a la autocrítica ni a la culpa como hace constantemente Tauro. A Tauro le resulta aún más difícil expresar sus sentimientos a Acuario porque las estrictas opiniones de este pueden ahuyentar a Tauro. Todo esto conduce a un círculo interminable de desconfianza y mentiras. Acuario parece carecer de flexibilidad, aunque haga parecer que acepta las diferencias de otras personas. Para que haya confianza entre estos signos, Tauro tiene que ser más valiente y no temer las consecuencias de decir algo incorrecto a su pareja. Acuario tiene que ser más compasivo con Tauro y deshacerse de su actitud santurrona.

Uno es un elemento de Aire, mientras que el otro pertenece a la Tierra. Por eso a estos dos signos les resultará muy difícil encontrar algo en común de lo que hablar. Tauro es el signo de la caída de Urano, que actúa como un colador para todas las ideas brillantes de sus compañeros de Acuario. Aunque esto no suponga un gran problema, la estrechez de miras de Tauro puede hacer que su pareja sienta que ninguno de sus sueños se hará realidad. Tauro tiene que ser más comprensivo con la necesidad de volar que tiene Acuario. Si lo hacen, pueden ayudar a Acuario a trabajar en la materialización de estos sueños voladores. Esto ocurre pocas veces, ya que a Acuario no le resulta fácil hablar o abrirse a Tauro. Para estos dos signos es difícil reconciliarse y cualquier pequeño asunto puede convertirse en algo grande para ellos.

Acuario y Géminis

La estimulación verbal puede hacer que estos dos signos tengan buenas relaciones sexuales. No sienten la necesidad de estar libres de ropa para tener sexo, sino que la mayoría de las veces terminarán sin ella. Ambos signos están más enfocados en encontrar espíritus afines, y mientras continúan la búsqueda, quieren pasar un buen rato. El lado intelectual de esta relación será excitante para ambos. Ni a Acuario ni a Géminis les gusta estar en una relación con una pareja a la que consideran estúpida. Estar con alguien sin ingenio sería considerado solo un encuentro insignificante para ellos. Acuario es más dominante, ya que Géminis puede ser tímido en ciertas situaciones, y esto ayuda a Géminis a ser mucho más libre a la hora de expresarse. Pero si hay una falta de emoción o de verdadera intimidad entre ellos, su relación se desmoronará al buscarla en otra pareja.

Para esta pareja, la confianza puede ser algo extraño. No es que no confíen el uno en el otro, porque lo harán. Géminis rara vez siente la necesidad de mentir, y Acuario encuentra la deshonestidad ridícula. Sin embargo, a Acuario también le gusta la privacidad, pero esta pareja no tendrá problemas de confianza.

Los espectadores encontrarán un debate entre esta pareja bastante interesante. Acuario y Géminis pueden mantener conversaciones muy estimulantes. El sistema de creencias humanas y racionales de Acuario será fascinante para Géminis, mientras que Acuario tendrá la oportunidad de aliviar sus problemas de ego.

Acuario y Cáncer

Cáncer y Acuario tendrán una relación sexual muy estresante. Cáncer suele ser el signo más sensible, pero se vuelve bastante distante y áspero cuando quiere poner límites. Acuario es innovador, pero tiende a ser inamovible y es inmutable. Las relaciones sexuales entre ambos podrían ser estresantes para Cáncer, y esto les hará poner límites. A Acuario, en cambio, le resultará difícil cambiar solo para que su pareja de Cáncer se sienta más cómoda. Cáncer no puede entender la necesidad de Acuario de utilizar el sexo para sentirse más arraigado. Para ellos, las relaciones sexuales solo deben tener emociones de por medio.

Por lo general, Cáncer es honesto y leal. Sin embargo, si teme herir a sus seres queridos o teme una reacción agresiva por su parte, podría recurrir a la mentira. El estrés en esta relación podría dificultar que Cáncer comparta sus pensamientos o sentimientos con Acuario, y esto puede llevar a problemas de confianza entre ambos. Aunque a ninguno de los dos le gusta mentir, tienen problemas de confianza, ya que no tienen fe en su futuro juntos.

Acuario y Leo

Los signos opuestos se atraen mucho entre sí, y esto es evidente entre Leo y Acuario. Acuario parece existir para derribar a Leo, que es el rey de los signos. Hay mucha pasión y atracción entre estos fuertes individuos. Sus relaciones sexuales pueden ser tanto una lucha como una experiencia increíble. Habrá liberación, calor y pasión. Acuario acabará respetando a Leo si comparten verdaderas emociones el uno por el otro. Estos dos compañeros formarán una conexión muy fuerte entre ellos con el tiempo.

Si se observa su relación de pareja desde la distancia, todo parecerá sencillo. Sin embargo, la confianza siempre parece ser un reto para los dos signos. Ambos son comprensivos y se dan libertad. Pero cuando están separados el uno del otro, se dan cuenta de que conocen poco a su pareja y tienen muy poca confianza.

Tanto Leo como Acuario son héroes. Si luchan juntos por la misma causa, pueden provocar grandes cambios y marcar una verdadera diferencia en el mundo. Sin embargo, tienen que dejar de pelearse entre ellos si pretenden lograr esas cosas juntos. Si no, su energía solo se dispersará en peleas innecesarias.

Acuario y Virgo

La relación sexual entre los dos signos no es fácil de ninguna manera. No se sentirán atraídos el uno por el otro a menos que exista un fuerte apoyo en sus cartas astrales. Ambos signos tienen naturalezas que no se apoyarán mutuamente. Aunque Virgo y Acuario son intelectuales, difieren mucho el uno del otro. Su tendencia a pensar demasiado arruinará la posibilidad de cualquier relación sexual entre ambos. La naturaleza analítica de Virgo será una desventaja para Acuario, a quien no le gusta pensar demasiado.

Ambos signos tienen una naturaleza racional, y esto generará confianza entre ellos. A Virgo le suele costar confiar en su pareja, pero no ve la necesidad de hacerlo con una pareja de Acuario. Sin embargo, estos signos podrían distanciarse, aunque tengan una fuerte conexión al principio. Para que haya confianza mutua, ambos signos deben aceptarse mutuamente y tratar de mantener fresca su relación.

Virgo tiene una naturaleza adaptable y cambiante que hace difícil aceptar la naturaleza inmutable de Acuario. Serán buenos para comunicarse entre sí y tendrán temas comunes para discutir. Estos signos suelen compartir sus intereses y se entusiasman con las mismas cosas.

Acuario y Libra

A Libra le resultará mucho más fácil expresarse sexualmente cuando tenga una pareja de Acuario. El problema de Libra es que se preocupa demasiado por lo que piensan los demás. En las relaciones sexuales, o bien se mostrarán demasiado apagados y parecerán asexuados, o bien intentarán hacer demasiado y lo harán algo incómodo para su pareja. Sin embargo, Acuario es todo lo contrario y no le importa la opinión de los demás. Las relaciones sexuales entre ambos pueden ser liberadoras para Libra, pero desafiantes para Acuario, ya que tienen que luchar contra la necesidad de Libra de encajar.

Ambos signos tienen un carácter recto, y esto hará que confíen el uno en el otro sin excepción. Tienen las mismas inseguridades y se ayudarán mutuamente a superarlas. Sin embargo, esta confianza debe construirse y no llegará de golpe. A estos signos les gusta ser vistos como atractivos, y tienen que decírselo al otro. Pueden surgir problemas entre ambos si Libra se apega demasiado y depende emocionalmente de Acuario. Esto es algo que Acuario evitará.

Ambos signos tienen una imagen que mantener. Mientras que a Libra le gusta parecer y actuar de forma agradable con los demás, Acuario no es una persona que guste de las multitudes y le gusta ir por el camino contrario. Ambos son rígidos en sus creencias y no estarán dispuestos a cambiar de opinión.

Acuario y Escorpio

Las relaciones sexuales entre Acuario y Escorpio pueden ser muy intensas. Juntos, estos signos representan la máxima libertad sexual sin tabúes ni restricciones. Estos signos de aire y agua se sienten muy atraídos el uno por el otro. Sin embargo, si rompen, terminarán con sentimientos de odio y despreciarán todo lo que compartían. A estos signos les resultará difícil equilibrar el pensamiento racional, las emociones y la pasión. Mientras que Escorpio es profundamente emocional y tiene una fuerte necesidad de relaciones sexuales, a Acuario no le gusta el exceso de emociones y tiene problemas con alguien demasiado posesivo. Su vida sexual será estupenda o un campo de batalla. Al ser signos fijos, ambos tendrán dificultades para adaptarse a una pareja muy diferente a ellos.

Escorpio y Acuario son personas directas y honestas que idealmente no deberían tener problemas para confiar el uno en el otro. Sin embargo, cuando se acerquen el uno al otro, surgirá este problema: Acuario deberá domesticarse y comprometerse con su pareja Escorpio. Si hay algún signo de manipulación en la relación, las cosas pueden salirse de control. Su relación de pareja se romperá fácilmente por estas cosas.

La comunicación no es un problema para estos signos si no actúan de forma obstinada o son demasiado rígidos en sus opiniones. Pueden hablar de todo tipo de temas extraños con gusto, ya que a ninguno de los dos les gusta la cháchara. Las charlas triviales les parecen inútiles a ambos, y les gusta el hecho de poder discutir cosas interesantes con el otro. Su conexión de profundidad es increíble, y ambos tienen muchos problemas para entender muchas cosas de la sociedad.

Acuario y Sagitario

La única ventaja importante para las relaciones sexuales entre estos signos es que Acuario tiende a actuar de la manera que piensa Sagitario. Pueden tener una fuerte atracción hacia el otro, especialmente cuando Sagitario está en un punto en el que quiere confirmar su sexualidad y su libertad. La conexión sexual entre los dos puede ser satisfactoria, pero no son grandes cuando se trata de la intimidad. Sagitario puede aportar calidez a la relación, pero su enfoque se desvía fácilmente. Ambos signos comprenden la necesidad de un cambio en su vida sexual y lo pondrán en práctica. Sin embargo, su vínculo emocional y su intimidad no son consistentemente fuertes.

Acuario y Escorpio entenderán la mente del otro demasiado bien. A Acuario le gusta ser libre, para poder estar disponible para los demás, mientras que Sagitario lucha con la fidelidad. Como ambos sabrán esto del otro, les será difícil generar confianza. Siempre se cuestionarán si deben confiar en su pareja. Si deciden comprometerse con la relación, no podrán darse la libertad que ambos necesitan.

Si estos signos descubren un interés mutuo, nunca les faltarán temas de los que hablar. Sus interminables discusiones podrían incluso acabar cambiando sus puntos de vista sobre muchas cosas. Sagitario suele ser demasiado hablador cuando discute temas poco interesantes al tratar de conectar, y Acuario puede ser distante. Sin embargo, si encuentran un tema de interés para ambos, compartirán conversaciones estimulantes.

Acuario y Capricornio

La mayoría de la gente asume que Capricornio es restrictivo y tradicional, mientras que Acuario es todo lo contrario. En realidad, el mismo planeta rige ambos signos, por lo que tienen muchas similitudes. Su diferente ritmo es el único problema en su vida sexual, que suele deberse a sus diferentes elementos. Capricornio es un signo de tierra que es minucioso y lento. No se lanzan a una relación a menos que respeten a su pareja y se sientan atraídos por ella. Cuando finalmente se entregan a las relaciones sexuales, intentan dar lo mejor de sí mismos. Como signo de aire, Acuario es poco fiable y escamoso, pero el hecho de estar regido por Saturno les hace mucho más fiables que otros signos de aire. Les gusta que las cosas sean rápidas y espontáneas, sin tener que pensar demasiado. Acuario rara vez tendrá paciencia para tratar con Capricornio, que se toma su tiempo para crear un plan detallado. Su necesidad de apresurarse es una desventaja para Capricornio. Ambos signos pueden ser muy apasionados con la pareja adecuada, pero es mejor que sean amigos que amantes.

Capricornio se mantiene firme en sus convicciones y no le gusta cometer errores, mientras que Acuario valora la verdad y no teme la confrontación. Ambos tienen una idea diferente de la confianza y les cuesta aceptar las diferencias de sus naturalezas. Confían el uno en el otro, pero no tienen fe en que su relación funcione.

Acuario y Acuario

La relación sexual entre dos acuarianos puede ser muy interesante y llena de excitación. Ambos serán libres a la hora de expresarse y también estarán dispuestos a cumplir las fantasías del otro. No siguen las restricciones ni los tabúes que la sociedad suele dictar. Sin embargo, la falta de vínculo emocional puede ser un problema para ellos. A esta pareja le resultará difícil permanecer junta una vez que la atracción inicial desaparezca. Son más adecuados para las aventuras ocasionales.

Al ser del mismo signo, pueden entenderse sin necesidad de palabras. La libertad será la base de su confianza y ninguno querrá mentir. Sin embargo, si alguno de los dos se vuelve demasiado posesivo, será el fin de su relación.

Cuando dos acuarianos mantienen una conversación, es muy difícil que cualquier persona ajena a ellos la entienda. Tienen una gran conexión a la hora de comunicarse y las ideas vuelan constantemente. Sin embargo, sus problemas de ego supondrán un problema.

Acuario y Piscis

Las cosas nunca serán aburridas en la relación sexual entre Acuario y Piscis. Puede parecer que al principio no se llevarán nada bien, pero pueden tener una gran vida sexual si Piscis evita encariñarse con Acuario. Piscis intentará con entusiasmo mantener una relación sexual excitante, y Acuario hará lo mismo.

La confianza puede ir en dos direcciones extremas para esta pareja. Si son lo suficientemente íntimos, tendrán plena confianza entre ellos. Si no, habrá constantes sospechas y mentiras. Deben tomarse el tiempo necesario para comprenderse mutuamente si quieren construir la confianza.

Capítulo 7: Acuario en el trabajo

Los acuarianos son muy capaces de hacer muchas cosas diferentes, pero son los más adecuados para los roles que necesitan patrones de pensamiento poco convencionales. Este signo encarna muchas fortalezas profesionales como la asertividad, la conciencia social y el pensamiento crítico. Sin embargo, también tienen sus inconvenientes, como cualquier otro signo.

Los acuarianos carecen de concentración y tienden a expresar apatía hacia cualquier tarea que sea diferente a sus intereses. Siempre insisten en salirse con la suya, aunque no sea la opción más adecuada cuando se trata de una tarea concreta. Esto puede tener un impacto negativo en el crecimiento profesional de Acuario a pesar de su mejor juicio.

Sin embargo, los rasgos positivos los convierten en grandes candidatos para trabajar en los campos de las bellas artes, la política y el servicio. Estas son algunas trayectorias profesionales que ayudarán a Acuario a prosperar en el trabajo. Les permitirán trabajar de la forma que les gusta y aprovechar sus puntos fuertes cómodamente.

A los Acuario les encanta mostrar sus habilidades únicas, sus capacidades imaginativas, sus poderes intuitivos y su naturaleza audaz. Tienden a hacer esfuerzos conscientes para hacer del mundo un lugar mejor.

Les gusta mostrar su intelecto y sus talentos. Les gusta ejercitar estas cualidades y les encanta estar en un ambiente donde puedan proponer nuevas ideas y ayudar a los demás siendo creativos. La creatividad y la estimulación intelectual impulsan a una persona de Acuario. Son buenos con los grupos, pero siempre se esforzarán por ser reconocidos también por sus contribuciones personales.

La gente de Acuario es humanitaria de corazón, por lo que tienen un gran éxito en las ocupaciones que les permiten aportar cambios positivos al mundo que les rodea. Les apasionan las ideas, el conocimiento y los nuevos comienzos, por lo que son ideales para los campos basados en el descubrimiento y la invención, como los trabajos tecnológicos, la astronomía, la ciencia, etc.

Opciones de carrera para individuos de Acuario

Mediador

Este signo trae consigo pensadores profundos que pueden pensar hábilmente en cualquier problema desde un punto de vista objetivo hasta encontrar una solución. Esta es una habilidad importante en los mediadores. Los mediadores tienen que ser objetivos y encontrar soluciones prácticas mientras mantienen un registro detallado de cualquier interacción con sus clientes. Su trabajo consiste en ayudar a dos partes a comunicarse más eficazmente entre sí. Los mediadores pueden trabajar en un entorno legal mientras ayudan a sus clientes a documentar los detalles de su acuerdo.

Maestro

Dado que a los Acuario les gusta aprender, la enseñanza es una gran opción para ellos. Si un acuariano trabaja como profesor, puede aprender mucho más en esa materia específica e impartir los mismos conocimientos a sus alumnos. Este signo necesita vivir en su verdad, lo que les hace más adecuados como profesores. Los acuarianos siempre se esforzarán por seguir las mismas reglas que enseñan a sus alumnos y, por tanto, les servirán de ejemplo.

Investigador

Como ávido aprendiz y dado que los acuarianos son inquisitivos, la investigación es otro campo muy adecuado para este signo. La investigación puede realizarse tanto en equipo como individualmente. Los investigadores tienen que identificar primero una meta y un objetivo determinado para su investigación. Después, tienen que crear un plan, conseguir fondos para la investigación y, por último, poner en práctica sus habilidades para poder llevar a cabo el proyecto. Este es el tipo de trabajo que Acuario encontrará muy agradable y le apasionará. Su pasión inquisitiva hará que los demás compañeros de trabajo los aprecien al instante en este tipo de proyectos de investigación.

Entrenador

Los entrenadores están destinados a enseñar ciertas habilidades, normas o políticas a individuos o a un grupo. La asertividad y la capacidad de pensamiento crítico de Acuario les ayudarán a realizar bien esta tarea. Pueden utilizarla para inculcar inteligentemente esos conocimientos a sus alumnos o estudiantes, a la vez que utilizan su capacidad artística para hacerlo de forma interesante.

Actor

Los actores tienen más oportunidades que otras personas para expresarse de diferentes maneras. Ya sea en un estudio de cine, en el teatro o en un elaborado plató, Acuario puede ocupar el centro de atención como actor. Tienen un carácter muy imprevisible, y esto les hará las delicias de la actuación de improvisación. Su curiosidad también les hará esforzarse por profundizar en un papel y adaptarlo como propio.

Electricista

La curiosidad natural de Acuario también los hace buenos para trabajar como electricistas. Su trabajo consistirá en evaluar las averías eléctricas y ofrecer posibles soluciones a sus clientes. Pero antes de hacer esto, tienen que revisar todos los entresijos del cableado, los disyuntores y la iluminación. Jugar con estos delicados componentes será muy divertido para los Acuario, ya que intentarán llegar al núcleo del problema y luego encontrar la forma de solucionarlo.

Gestor de proyectos

Como gestor de proyectos, los acuarianos tendrán que definir los objetivos de un proyecto, crear y aplicar un presupuesto y delegar todas las tareas en las personas del equipo. Esto deberá hacerse para permitir que el proyecto se complete de forma más eficiente. Como son autoaisladores, este signo tiene que hacer un esfuerzo adicional para estar al alcance del equipo. Sin embargo, son grandes jefes de proyecto porque consiguen inspirar al equipo incluso cuando están ausentes. Los jefes de proyecto acuarianos son geniales para motivar a sus compañeros a trabajar con más fervor.

Científico

Un científico siempre es curioso, y su curiosidad no tiene fin. Esto también se aplica a los individuos de Acuario, y es la razón por la que son naturalmente adecuados para el trabajo. Pueden trabajar en una amplia gama de campos y decidir en qué área de investigación quieren centrarse. Los acuarianos tendrán la oportunidad de reunir información nueva todo el tiempo y encontrar respuestas a todas las preguntas que se planteen.

Planificador medioambiental

El alcance de este papel es bastante amplio, lo que hace que el trabajo sea atractivo para Acuario. Los planificadores medioambientales suelen tener que evaluar diferentes terrenos para determinar cómo pueden utilizarse de la mejor manera posible. Su trabajo les obliga a colaborar con personas de muchas profesiones diferentes, lo que les permite aprender mucho más haciendo preguntas a diferentes profesionales y encontrando respuestas a sus problemas. Los planificadores investigan mucho para averiguar las ventajas y desventajas que conlleva el uso de un determinado terreno para un fin específico. Los acuarianos encontrarán este trabajo de su agrado.

Acuario en el lugar de trabajo

Para que un Acuario se sienta cómodo en su lugar de trabajo, su proceso de pensamiento abstracto y profundo tiene que ser bien recibido. Esta forma de pensar les resulta natural, y si sus colegas y empleadores la aprecian en lugar de criticarla, ayuda a los Acuario a crecer profesionalmente.

Una vez que se sienten a gusto en su entorno laboral, siempre estarán dispuestos a ayudar a un compañero o a asumir el trabajo de otra persona para aligerar su carga. A este signo le encanta ser útil a los que le rodean. Su consideración es un gran activo en cualquier lugar de trabajo. Sin embargo, este signo presenta algunos retos que también pueden crear problemas en el lugar de trabajo. Por ejemplo, a pesar de su naturaleza servicial, son solitarios. Tienden a aislarse mientras trabajan en lugar de comunicarse con su equipo. Esto no siempre es aceptable para los demás, y la mayoría de los colegas quieren una comunicación clara por parte de los Acuario.

Si Acuario se desconecta repentinamente sin dar explicaciones, puede ser una molestia para los demás en el trabajo. Para facilitar las cosas, los Acuario deberían avisar a sus compañeros de trabajo con antelación si tienen la intención de tomarse un tiempo en solitario fuera del trabajo. Ser más comunicativo y proactivo en la comunicación hará que Acuario se lleve mejor con sus compañeros de trabajo. Otro reto al que puede enfrentarse este signo es el cumplimiento de un horario. No todos los tipos de trabajo pueden realizarse al ritmo de una sola persona.

Los acuarianos deben superar su aversión a la rutina fija. No pueden permitirse el lujo de irritarse solo porque haya plazos o un horario que cumplir. El trabajo no siempre se ajusta a las preferencias personales de cada uno. Este no es un problema que se pueda arreglar, y los acuarianos tienen que aprender a lidiar con él. Hay que cumplir con las obligaciones laborales, aunque a veces sean aburridas o difíciles.

A los acuarianos les suele resultar difícil realizar cualquier tarea que no les satisfaga o no les aporte alegría. Sin embargo, si se enfocan en el hecho de que hacer el trabajo a tiempo les dará más tiempo libre después, puede ser más fácil para ellos trabajar a través de él. Los acuarianos encontrarán más placer en su vida laboral si les corresponde lo que quieren del trabajo.

Compatibilidad en el trabajo con otros signos del Zodiaco

Acuario es uno de los mejores signos para tener cerca cuando se necesita una sesión de lluvia de ideas. Son originales, innovadores e ingeniosos. Siempre se les ocurren ideas vanguardistas y les encanta probar cosas nuevas. Su visión es admirable y apreciada por todos los compañeros de trabajo. Sin embargo, este signo debe tener mucho cuidado con quién establece una relación laboral. Los acuarianos se enfocan en el panorama general con tal intensidad que a menudo ignoran cómo se sienten los demás a su alrededor. Este es el tipo de cosas que hay que tener en cuenta cuando se busca un compañero de trabajo. El signo adecuado puede hacer que su equilibrio entre vida y trabajo sea mejor, mientras que otros solo dificultarán las cosas. Leer sobre la compatibilidad de Acuario con otros signos en el trabajo puede ser de gran ayuda para navegar por el mundo profesional.

Compatibilidad de Acuario con otros signos del Zodiaco en el trabajo:

Acuario y Aries

La animada asociación entre Aries y Acuario hará que el trabajo sea emocionante para ambos signos. Aries es un signo que tiende a ser pionero, mientras que Acuario siempre está dispuesto a embarcarse en un nuevo viaje. Mientras que a Aries le cuesta ceñirse a una rutina, a Acuario no le importa lidiar con diferentes responsabilidades laborales. Aries tiene tendencia a correr riesgos, y Acuario nunca rehúye las señales de peligro. Ambos son similares y compatibles en este aspecto; sin embargo, ninguno de los dos es bueno para tratar con las relaciones humanas.

No es que no sean sociables; de hecho, Aries es bastante encantador, y Acuario es un tipo sociable. Sin embargo, ambos no logran lidiar bien con las personas a las que hieren o cuando se enfrentan a algún malentendido. Estos signos necesitan depender de un tercer signo de agua o de tierra que pueda aconsejarles o encargarse de cualquier problema de recursos humanos.

Acuario y Tauro

Acuario y Tauro parecen ser completamente opuestos en la superficie. Tauro busca la comodidad en las cosas familiares, mientras que Acuario se aficiona a las cosas desconocidas y extrañas. Tauro es un signo con los pies en la tierra, mientras que a Acuario le gusta construir castillos en el aire. Tauro se esfuerza por ahorrar dinero para más adelante, mientras que Acuario tiene vía libre para gastar o regalar dinero. Estas diferencias de personalidad hacen que sea difícil imaginarlos trabajando juntos. Sin embargo, si juegan con sus puntos fuertes y tratan de mitigar los puntos débiles de su pareja, pueden hacerlo. Por ejemplo, Acuario debería ser quien trabaje en el desarrollo de cualquier producto en el trabajo, mientras que a Tauro se le deberían confiar los asuntos financieros. Acuario debería centrarse en la publicidad de cualquier servicio o producto en el trabajo, mientras que Tauro hace que su espacio de trabajo sea mucho más cómodo para mejorar la productividad. Estos signos trabajarán bien en sectores como la grabación, la promoción inmobiliaria y las ventas al por menor.

Acuario y Géminis

A Acuario le encantará trabajar con colegas de Géminis. Ambos signos son innovadores, ingeniosos y agudos. Si están en la misma habitación, habrá toneladas de grandes ideas rebotando en las paredes. El único problema de esta pareja de trabajo es que no son eficientes a la hora de ejecutar estas grandes ideas. Géminis siempre tendrá problemas para concentrarse en una sola cosa durante demasiado tiempo. Sin embargo, Acuario puede arremangarse para hacer las cosas cuando es realmente importante. Aunque Géminis no esté muy centrado, pondrá su granito de arena mientras Acuario se afana. Géminis es uno de los mejores tipos para hacer frente a cualquier emergencia de última hora que dejaría a los demás desconcertados. Es un tipo capaz y dispuesto en el que Acuario puede confiar. Esta pareja tendrá éxito si dirige un negocio de telecomunicaciones, líneas aéreas o televisión.

Acuario y Cáncer

Trabajar juntos requerirá mucho compromiso por parte de Cáncer y Acuario. Acuario es un tipo muy lógico, mientras que Cáncer es emocional todo el tiempo. Mientras que a Acuario le gusta que su entorno de trabajo sea muy profesional y austero, Cáncer quiere que sea acogedor y familiar. A Acuario le gusta trabajar con conceptos, mientras que Cáncer prefiere los productos tangibles. Si estos dos signos quieren trabajar bien juntos, tienen que salvar la distancia aprovechando los puntos fuertes de cada uno. Las habilidades de liderazgo de Cáncer pueden ser útiles para Acuario. Cáncer es muy bueno para defender una causa, hacer planes a largo plazo y delegar responsabilidades de forma que se beneficie el lugar de trabajo. Acuario es mucho mejor en la búsqueda de soluciones innovadoras para los problemas que suelen ser demasiado difíciles para los demás. Estos dos signos pueden dirigir juntos un negocio de éxito si aprovechan sus puntos fuertes y tratan de hacer más interesante una profesión como la enseñanza o la hostelería.

Acuario y Leo

Acuario encontrará interesante la experiencia de trabajar con Leo. Estos dos signos son, en realidad, completamente opuestos entre sí. Mientras que Leo trabaja solo para conseguir la gloria, a Acuario le gusta trabajar para su propia satisfacción. Mientras que a uno le gusta más el estilo, al segundo le importa la sustancia. Acuario es un tipo extremadamente lógico, mientras que Leo tiende a ser demasiado emocional. Todas estas diferencias hacen difícil imaginar que estos signos tengan un factor común. Sin embargo, ambos son signos fijos, y esto significa que buscan un trabajo seguro. Por lo general, ambos desean una estimulación intelectual constante, pero no la buscarán a riesgo de perder su trabajo. Además, ambos signos son excelentes para trabajar en proyectos difíciles y asegurarse de que se realicen a satisfacción de todos. Sus razones para trabajar duro pueden ser diferentes, pero aun así consiguen hacer el trabajo con su increíble resistencia. Si estos signos emprenden un negocio juntos, deberían considerar un campo en el cine, la radio o la televisión. Acuario debería ser el que trabaje en el lado técnico de las cosas, mientras que Leo sería un gran intérprete.

Acuario y Virgo

Virgo tiene pocos puntos en común con Acuario. Sin embargo, existe un respeto mutuo entre estos dos colegas. Virgo prefiere centrarse en los pequeños detalles, mientras que Acuario es mejor para ver el panorama general. Estos dos compañeros de trabajo no permiten que sus emociones hagan estragos en el lugar de trabajo. Se ciñen a su trabajo incluso si otros compañeros de trabajo tienen un viaje de ego o una rabieta. Los métodos empleados por Virgo a menudo pueden parecer demasiado estirados para Acuario. Virgo, por su parte, encuentra a Acuario un poco ineficiente a la hora de trabajar. A pesar de estas diferencias, su asociación laboral puede ser notablemente productiva. Algunos de los negocios más adecuados para que estos dos signos dirijan juntos son una tienda de productos reciclados, una tienda de alimentos saludables o un estudio de yoga. Sin embargo, si ambos trabajan a las órdenes de otra persona, Acuario debería encargarse de las campañas de promoción mientras Virgo se ocupa de los asuntos monetarios.

Acuario y Libra

La compatibilidad laboral entre Libra y Acuario es armoniosa. Cuando estos dos signos trabajan juntos, se divierten incluso siendo productivos. Aunque Libra puede ser un poco demasiado pegajoso para Acuario a veces, su espíritu de equipo es admirable. Los acuarianos deberían dejar que su pareja Libra se encargue de la decoración del espacio de trabajo. A Libra le encantará arreglar el espacio con algunos cuadros, plantas y otras cosas que permitan a ambos trabajar más cómodamente. La mayoría de los acuarianos no creen que esas cosas importen cuando se trata de trabajo y productividad. Pero una vez que dejan que su compañero de trabajo Libra haga esto, se dan cuenta de la gran diferencia que puede suponer en comparación con un espacio de trabajo estéril. A estos dos signos se les da mejor trabajar con conceptos que con productos. Si el negocio implica investigación científica, patentes o propiedad intelectual, a estos signos les irá bien. Si ambos signos trabajan con un empleador, Libra debería ser el que trate con los clientes mientras Acuario se encarga de las figuras de autoridad en la oficina. Acuario es mucho mejor para tratar con personas prepotentes y mantenerse firme. Para Libra, esto puede ser demasiado y tiende a derrumbarse bajo presión.

Acuario y Escorpio

Tanto Escorpio como Acuario son signos fijos. Esto significa que la dinámica de trabajo entre ellos puede ser bastante interesante. Estos dos signos siempre sienten que tienen la razón sin lugar a duda, y que la otra persona involucrada está equivocada. Tienen la firme convicción de que sus métodos de trabajo son mejores. Acuario se basa más en los hechos concretos y fríos, mientras que Escorpio es más emocional. Ambos signos están dotados a su manera. Acuario es mejor para tratar las cosas directas. Escorpio es más capaz de darse cuenta de cualquier engaño o de descubrir un secreto. Escorpio debería encargarse de cualquier trabajo sucio, mientras que Acuario debería encargarse de los asuntos de relaciones humanas. Es importante que Acuario escuche los consejos de su colega o pareja de Escorpio, ya que este tiene una intuición asombrosa que le ayuda a evitar cualquier estafa o fraude. Esto puede ser inmensamente útil para el crédulo Acuario.

Acuario y Sagitario

La compatibilidad laboral entre Sagitario y Acuario es realmente muy efectiva. Trabajar juntos puede aportar muchas satisfacciones a ambos signos. Los Sagitario admiran la innovación, la inteligencia y la independencia de Acuario. Este último adora el alto espíritu, el humanitarismo y el humor que Sagitario aporta al lugar de trabajo. Puede haber algún problema cuando Sagitario empiece a actuar de forma escasa en el trabajo debido a su falta de concentración. Sin embargo, los Acuario pueden ser insufriblemente quisquillosos con las pequeñas cosas, como mantener la papelería organizada o ajustar la temperatura de la habitación. Estos signos pueden formar una sociedad muy lucrativa si intentan pasar por alto la idiosincrasia del otro. La enseñanza, el derecho o algunos negocios de importación y exportación pueden ser empresas exitosas para esta pareja. Si ambos son empleados en el mismo lugar de trabajo, los Acuario deberían trabajar en los proyectos a largo plazo mientras que los Sagitario son más adecuados para los de corto plazo. Dividir el trabajo de esta manera permitirá a ambos rendir bien juntos.

Acuario y Capricornio

Mientras que a Acuario le gusta probar cosas nuevas y cambiar las viejas costumbres, Capricornio es todo lo contrario. Sin embargo, el emparejamiento de Capricornio con Acuario no es necesariamente una mala idea. No todos los métodos antiguos son anticuados o ineficaces, y no todo lo nuevo es productivo. Si Acuario puede estar abierto a las sugerencias de su colega Capricornio, su relación laboral puede ser bastante estable. Aunque a los Acuario les gusta agitar las cosas, tienen que admitir que un cierto nivel de seguridad es necesario para una carrera exitosa. Trabajar con un Capricornio puede aportar esta sensación de estabilidad. Si los acuarianos aprecian la capacidad de liderazgo de los capricornianos, será mucho más fácil trabajar con ellos. Estarán mucho más abiertos a aceptar nuevas ideas o estrategias innovadoras de Acuario en el trabajo.

Acuario y Acuario

Los acuarianos son difíciles de asustar, pero otro miembro del mismo zodiaco puede conseguirlo. Juntar a dos personas de este signo del Zodiaco creará una gran cantidad de creatividad. La capacidad creativa de estos dos compañeros será infinita. Ambos se interesan por la tecnología punta, por lo que les encanta trabajar con ordenadores. La radio, las telecomunicaciones y la televisión son posibles vías de éxito en la carrera de Acuario. Un empleado Acuario trabaja mejor en solitario y solo debe tener el mínimo contacto con su empleador.

Por ejemplo, reunirse al principio del día para una sesión informativa y terminar la jornada con otra breve reunión es una buena opción. En el medio, los acuarianos deberían trabajar por su cuenta para hacer las cosas. Los dos compañeros de trabajo acuarianos serán independientes y pueden producir grandes ideas si se les deja trabajar por su cuenta en lugar de obligarles a trabajar en pareja. Al ser un signo fijo, la mente de un Acuario es extremadamente difícil de cambiar. En cualquier otro aspecto, esta pareja puede trabajar conjuntamente de forma productiva.

Acuario y Piscis

Acuario suele divertirse con las extravagantes técnicas que Piscis emplea en el trabajo. Piscis admira la tremenda visión de Acuario. Aunque los colegas de Piscis pueden ser un poco escamosos a veces, los Acuario tienen sus propias debilidades. Por ejemplo, los acuarianos no son muy efusivos, y puede ser difícil para cualquiera entender si les gusta, odian o son indiferentes hacia un proyecto. Sin embargo, si los acuarianos se esfuerzan un poco en establecer una mejor conexión con los colegas de Piscis, estos se esforzarán mucho más por rendir bien. Si estos dos signos trabajan bajo la dirección de un empresario, Acuario debería ceñirse al aspecto analítico de un proyecto, mientras que Piscis puede ocuparse de las sutilezas sociales que se requieren en el trabajo.

Conclusión

Al llegar al final del libro, me gustaría agradecerle que lo haya leído. Espero que le haya resultado interesante y útil. Hay mucho que aprender del mundo de la astrología y de los signos del Zodiaco.

A estas alturas, ya ha adquirido un conocimiento profundo sobre el signo de Acuario. Cada uno de los capítulos de este libro tenía como objetivo proporcionar información vital sobre la personalidad de los acuarianos y otros aspectos de su vida.

Espero que la información de esta guía haya sido útil para revelar las fortalezas, las debilidades y los rasgos de los Acuario. Ahora también conoce mucho sobre las mejores opciones profesionales adecuadas para las personas de este signo. Aprender sobre la compatibilidad de Acuario con otros signos ayudará a navegar por las relaciones con otras personas.

Si se utiliza correctamente, este libro puede promover buenas relaciones entre un Acuario y personas de otros signos del Zodiaco. También ayudará a los acuarianos a comprenderse mejor a sí mismos y a mejorar su bienestar mental, físico, espiritual y financiero. Gracias de nuevo por haber llegado hasta el final. Por favor, recomiéndelo a cualquier amigo o familiar que pueda beneficiarse del libro también.

Vea más libros escritos por Mari Silva

LA GUÍA ASTROLÓGICA
DEFINITIVA PARA UN INCREÍBLE
SIGNO DEL ZODIACO

LEO

MARI SILVA

Referencias

8 cosas que debes saber sobre tu hijo Acuario. (n.d.). www.mom365.com sitio web: https://www.mom365.com/mom/astrology/all-about-your-aquarius-childs-astrology

Compatibilidad de amistad con Acuario. (2020, 7 de octubre). Tarot.com sitio web: https://www.tarot.com/astrology/compatibility/friends/aquarius

Relaciones con Acuario. (n.d.). sitio web: https://www.compatible-astrology.com/aquarius-relationships.html

Cúspide Acuario-Piscis. (n.d.). astrologyk.com sitio web: http://astrologyk.com/zodiac/cusp/aquarius-pisces

A, J. (2020, 30 de enero). 5 famosos de Acuario que son exactamente como su signo del zodiaco (y 5 que no lo son). TheTalko sitio web: https://www.thetalko.com/aquarius-celebrities-fit-dont-fit-zodiac-sign/

Piedra de nacimiento para el signo del zodiaco Acuario: Piedra de la suerte para el 21 y alrededor del 20 de febrero. (2019, 1 de febrero).

Características de las cúspides de Capricornio-Acuario que no conocías. (2015, 30 de enero). Astrology Bay sitio web: https://astrologybay.com/capricorn-aquarius-cusp-characteristics

Definición de cada signo del zodiaco y fechas | Astrology.com. (n.d.). www.astrology.com sitio web: https://www.astrology.com/on-the-cusp

Denise. (2018, 21 de abril). El hombre Acuario: Rasgos clave en el amor, la carrera y la vida. i.TheHoroscope.co sitio web: https://i.thehoroscope.co/the-aquarius-man-key-traits-in-love-career-and-life/

Denise. (2018, 28 de abril). La mujer Acuario: Rasgos clave en el amor, la carrera y la vida. i.TheHoroscope.co sitio web: https://i.thehoroscope.co/the-aquarius-woman-key-traits-in-love-career-and-life/

Denise. (2018, 12 de noviembre). Cualidades de Acuario, rasgos positivos y negativos. i.TheHoroscope.co sitio web: https://i.thehoroscope.co/aquarius-qualities-positive-and-negative-traits/

Denise. (2018, 11 de noviembre). Debilidades de Acuario: Conócelos para poder vencerlos. i.TheHoroscope.co sitio web: https://i.thehoroscope.co/aquarius-weaknesses-know-them-so-you-can-defeat-them/

Denise. (2018, 21 de abril). El niño Acuario: Lo que debes saber sobre este pequeño creador de tendencias. i.TheHoroscope.co sitio web: https://i.thehoroscope.co/the-aquarius-child-what-you-must-know-about-this-little-trendsetter/

Green, I. (2018, 29 de octubre). El signo de Acuario: Un análisis profundo de los signos y símbolos de Acuario. Trusted Psychic Mediums sitio web: https://trustedpsychicmediums.com/aquarius-star-sign/aquarius-symbol/

Hall, M. (2019, 20 de marzo). ¿Cuál es el significado de la Casa 11 en Astrología? LiveAbout sitio web: https://www.liveabout.com/the-eleventh-house-207252

Ingle, P. (2020, 10 de enero). 10 cosas que debes saber sobre un niño Acuario. parenting.firstcry.com sitio web: https://parenting.firstcry.com/articles/10-things-that-you-should-know-about-an-aquarius-child/

Lawrence, A. (2020, 23 de julio). Salir con un Acuario: Qué esperar - Vida en pareja - Relaciones. pairedlife.com sitio web: https://pairedlife.com/compatibility/Dating-an-Aquarius-What-to-Expect

Leal, S. (2019, 31 de julio). Este es tu color de poder, basado en tu signo astrológico. Apartment Therapy sitio web: https://www.apartmenttherapy.com/this-is-your-color-power-according-to-your-astrological-sign-36629958

Conoce cada signo del zodiaco y sus fechas (2020, 9 de mayo). Medium sitio web: https://medium.com/@meraastro.com/learn-about-every-zodiac-cusp-sign-and-dates-bad106c7d5f3

Consejos de amor para los Acuario. (2019, 7 de diciembre). www.timesnownews.com sitio web: https://www.timesnownews.com/astrology/aquarius-horoscope/article/love-advice-for-aquarius-people/524042

Muniz, H. (2020, 2 de enero). Los 7 rasgos de Acuario que debes conocer. blog.prepscholar.com sitio web: https://blog.prepscholar.com/aquarius-traits-personality

Mi signo del zodiaco Acuario: Padre e hijo. (n.d.). www.horoscope.com sitio web: https://www.horoscope.com/zodiac-signs/aquarius/parent-child

Mi signo del zodiaco Acuario: Amistad. (n.d.). www.horoscope.com sitio web: https://www.horoscope.com/zodiac-signs/aquarius/friendship

Rubino, S. (2020, 12 de agosto). 6 habilidades que deberías dominar este verano. Thrillist sitio web: https://www.thrillist.com/lifestyle/nation/6-skills-you-should-master-this-summer

Robinson, A. (2020, 17 de marzo). Compatibilidad con Acuario: ¿Qué signo es el más adecuado? blog.prepscholar.com sitio web: https://blog.prepscholar.com/aquarius-compatibility-signs

White, E. (2018, 27 de septiembre). Niño Acuario: Rasgos y características de la personalidad | Aquarius Baby. ZodiacSigns-Horoscope.com sitio web: https://www.zodiacsigns-horoscope.com/aquarius/aquarius-child-personality-traits/

www.ingramcontent.com/pod-product-compliance
Lightning Source LLC
Chambersburg PA
CBHW071901090426
42811CB00004B/703